読むだけで運気が上がる！

「風水生活」代表
橘玲華

金運風水大全

自由国民社

はじめに

「今よりもう少しお金があったら……」
「金運をもっと身につけたい」

みなさんはこのように思ったことはありませんか？

お金の悩みというのは尽きないもの。ましてや、2020年から続くコロナによって私たちの日常は大きく変わり、お金や将来の心配をする方が増えたのではないでしょうか。
令和という新時代の幕開け、「風の時代」への転換、そして今回のコロナショック……初めて体験することばかりで、不安なことだらけです。
しかし、こんなときだからこそ、自分で簡単にできる「風水」の実践が大切なのではないでしょうか？

ご紹介が遅れました。広島で「風水生活」という店舗を経営しています橘《たちばな》玲華《れいか》と申します。

「入るだけで運気が上がる店」をキャッチコピーに、ご自宅やオフィスの風水鑑定、個人のお客様の開運カラーや開運アイテムのご提案、さらに運気アップの秘訣をこれまで延べ1万人以上の方を鑑定させていただきました。

２００４年10月のオープン以来、さまざまな方と出会ってきた中でわかったことがあります。それは、「運命は、自分自身の手で変えられる」ということです。

経営者や成功されている方を鑑定させていただいたこと、そして、自分自身の経験から導き出した法則と言ってもいいかもしれません。

詳しくは後ほどお話しいたしますが、私は52歳のときに会社清算という大きな出来事を経験しました。毎日が真っ暗闇の中を歩いているような気持ちでした。

街を歩いている人たちや、普通の暮らしができている人たちを見て、心から「うらやましい」と思ったことは、一度や二度ではありません。

負債を抱え、いったい私の人生はこれからどうなってしまうのか……不安しかありませんでした。

その暗闇の中から私を救ってくれたのは、まぎれもなく「風水」だったのです。

当時生活が苦しかった私はまず、「すぐに実践できてお金がかからない」開運アクションから始めてみることにしたのです。

するとと思わぬところから臨時収入を得られたり、大口の仕事が決まったりと、まさに金運の神様に愛されるような出来事が次々に起こりました。

その後、仕事が軌道に乗ってきた私は、金運をさらに高めるために自分自身で行動や習慣、会話、洋服、身につけるアクセサリー、口ぐせ、食べ物、マインドなど、運気アップにつながりそうなものはすべてやってみよう！　と自分自身でチャレンジしてみることにしました。

まさに自分が実験台となって、お金も時間もそして手間も使って経験してみたのです。

その結果、私は現在もお店を経営し、多くのお客様にもパートナーにも恵まれ、充実した生活を送っています。

実際、私のお客様にこの方法をお伝えしたところ、多くの喜びの声をいただいてきました。私だけではなく、お客様もまた幸せをつかみとっているのです。

さて、そんな方法をみなさんも知りたくありませんか？

どん底にいた私でもできた方法です。

難しいことはひとつもありません。

身の回りの環境や行動習慣を少しずつ変えるだけで、金運はもちろん、仕事運、健康運、人間関係運など、あらゆる運が変わっていくのが実感できるはずです。

本書では、風水の考え方、身につけるもの、食べ物など、ほんの少し毎日の習慣を変えるだけで、金運をアップさせる方法についてご紹介しています。

しかも、一度金運がアップし始めると、不思議なことにどんどん金運がアップして、生活が豊かになっていくのです。

どんな人でも、どんなひどい状況からでも、運命は好転させることができます。

ぜひ本書を実践することで、読者のみなさんの人生に福音がもたらされることを願っています。では早速金運風水術を始めていきましょう！

橘 玲華

2021年10月

目次

第4章　あなたのオフィスに「金運結界」を張りましょう　127

第5章　お金持ちがパワーストーンを身につける理由

第6章　腸をよくする食べ物が「超」大切　199

第1章

なぜお金持ちは「金運風水」を活用するのか？

「風水生活」という風水鑑定のお店を始めてから、仕事でもプライベートでも多くの「お金持ち」の方にお会いしてきました。

その方々にお話を伺うと、ご自身の中に「金運風水」を取り入れている方が多いことに驚かされます。風水とは、そもそも住宅などの建物や場所の環境や気を整えるものですが、その考え方を「生き方」に重ね合わせ、自分自身の運気向上に役立てているのです。

特にお金は、整理整頓された気の流れのいいところが大好き。

笑顔や、清潔さ、明るい雰囲気といったいい空気を自らつくり出すことで、お金を引き寄せる環境をつくってあげることが、お金持ちになる秘訣なのです。

お金持ちの方は自ずからこの重要性に気づき、金運を呼び込む風水を日常に取り入れています。

「それはわかったけれど、じゃあ実際にどうすれば、金運を上げる風水が身につくの？」と疑問に思ったところで第1章を始めてまいりましょう！

「お金を呼び込む人」になる8つの習慣

お金に好かれるためには、まず自分自身が金運体質にならなければいけません。お金を「好きな人」にたとえてみると、わかりやすいかもしれません。

好きな人に振り向いてもらうために、みなさんだったらどんなアクションをしますか？

自分をよく見せようと努力するのではないでしょうか。

お金に好かれるために、まずは次の８つの習慣を始めてみてください。

①明るい声を出す。
②人より先に挨拶する。
③人の悪口を言わない。
④身の回りの整理整頓をする。
⑤玄関は常にスッキリさせる。
⑥前日に翌日必要なモノを準備して寝る。

⑦眉間にシワを寄せず、いつも笑顔でいる。
⑧週に一度は早起きして掃除から始める。

いかがですか？
「もうすでに実践しているよ！」というものもいくつかあったかもしれません。その習慣はぜひ続けていってください。

この8つの習慣に共通しているのは、自分の中に「邪気を入れない」「邪気をはらう」という行動が含まれていることです。

私たちは普段生活している中で、目には見えない邪気をもらったり、逆に邪気を人に与えたりしながら生きています。

また、邪気以外にも他人の「気」や「念」を多く受けています。これらは自分の中になるべく入れないようにし、入ってくるものに関しては出していかなければなりません。

生き物であれば、食物を食べたり飲んだりする分、排泄することは当たり前ですよね。この自然の法則を運気アップにも取り入れる、と考えてみてください。

お金は、汚いところが好きではありません。

いったん、汚いところにお金を呼び込んでしまうと、それが「執着」や「依存」といった部分に変わってしまい、いいお金の循環が生まれにくくなるのです。

もちろん、最初から8つすべてを実践することは難しいかもしれません。

「これならできそう！」とご自身が思うものから始めていくのが、習慣化のコツです。

手帳や机の前に8つの習慣を書くなどして、目につきやすくして取り組むのがおすすめです。

POINT

8つの習慣を身につけるためには、自分ができそうなものから始めてみましょう。目につきやすいところに8つの習慣を書き出してやる気もアップ！

人生の運の量は自分でコントロールできる

「いつも頑張っているのに、私の人生、なんだかツイてない……」

「あの人は幸せそうなのに、自分はなんで不幸なの？」

私のお店にやってくるお客様の中には、そう言う人が多くいらっしゃいます。仕事や人間関係、家庭生活など、私たちを取り巻く環境は意外と多いため、その中で、うまくいかないことが続いてしまうと、つらくなってしまいますよね。

その気持ち、私にはとてもよくわかります。

今でこそお客様やスタッフに恵まれ、楽しくお店をやらせていただいていますが、40代の頃、夫が病に倒れ、夫が代表を務めていた会社を引き継ぐことになったとき、「なんで私にこんなことが降りかかるの？」という思いが何度も頭をよぎったからです。

当時は精神的にダメージが大きく、先のことなんて全く考えられませんでした。

しかし、ひとしきり落ち込み、周りの人にも相談に乗ってもらった私は「とにかく今は、私が会社の方向性を決めるしかない！」と心を決め、主人の代わりに会社の立て直しに手をつけていきました。いくつかの会社を整理しながら、私は自分がやりたい風水のお店を始めたのです。

がむしゃらに突き進んで10年余り、当時を振り返ってみると、「あの経験も自分にとって必要なことだったんだ」と心から思えるようになりました。

たとえば今、私のお店にやってくるお客様は経営者や個人事業主の方など、自分でビジネスをやっている方が多くいらっしゃいます。経営者の方々は常に、

「どうやったらビジネスをうまく展開させられるか」

「生き残るためにはどんな戦略を立てればいいか」

と、考え続けていらっしゃいます。

「こんなとき、どうすればいいと思う？」

と尋ねる経営者の方に、アドバイスを伝えられるようになったのも、これまでの経験の賜物なのです。

会社を整理したとき、私の運は１００のうち10くらいしかなかったのでしょう。

しかし、自分から行動していったことで、周りの人を巻き込み、お客様にも恵まれました。数年後、「あ、私今上り調子だな」と思うくらい私の運は上がっていき、今では広島県

外からもお客様がいらっしゃるほどになりました。ありがたいことです。

そうなれたのも「自分の運は自分で上げていくんだ」という強い信念が根底にあったからだと確信しています。


人が誕生する際、みな同じだけの運の量を持って生まれてくるのではないでしょうか。そこから人生を切り拓いていくときに初めて、運の量を自らコントロールしていくのです。

では、どのように運をコントロールしていけばよいのでしょうか？


実は、運とお金の増やし方は似ているところがあります。

お金を貯めるとき、みなさんはどのような行動をしますか？

たとえば、貯金箱に５００円玉を入れてコツコツ積み上げていく。

あるいは、スキルを身につけて今よりも多い給料を得ることで、いただくお金の総量を上げる人もいるでしょう。

運の増やし方もそれと同じです。

運気が上がる行動をコツコツ行って、自分に運を「貯めて」いく。

あるいは、人から感謝される行動を実践して、人を引き寄せることも運を上げるコツです。いずれにせよ、「自分からアクションを起こしていく」ことを心がけるだけで、自然と運の量も上がっていきます。

貯金思考なみなさんなら、「貯運」思考もきっとすぐに身につくはず。

つらかった時期、この状況を脱するには「何より自分から行動することが最も重要」なのだと教えてもらいました。

運を減らすのも増やすのも自分次第！

運の量は自分でコントロールできる！　と信じて、前に進んでいくことで必ず道は拓けていくはずです。

POINT

運を上げるのも下げるのも自分次第。

自ら行動していくことで運をキャッチしていきましょう！

「すべては必然」と考えると運がよくなる

現在は風水鑑定士として、お客様と向き合う日々を送っている私ですが、風水鑑定士としてスタートしたのは、50歳のときです。それまでは、薬膳コンサルタントとして、薬膳料理のお店を経営していました。体を中から丈夫にしていく薬膳の知識をもっとお客様に知ってほしいと、セミナー講師をしていた時期もあります。

「このまま、薬膳の仕事をどんどん続けていけたらいいな」と思っていました。私は心から薬膳の仕事を愛していたからです。

しかし、46歳のとき、その状況は一変しました。

夫が脳内出血で倒れたのをきっかけに、夫の跡を継ぐ形で会社の整理などを行わなければならなくなったのです。私は大好きだった薬膳の仕事を離れ、経営者として事務的な作業に追われました。

そのとき、たったひとつ繰り返し唱えていた言葉があります。

それは、「すべては必然、私に与えられた運命」ということ。

周りを見て、うらやましくなることもありました。しかし、どう頑張っても、神様にお願いしても、他人になることはできません。

それならば、与えられた運命を受け入れて、この状況を切り拓いていくしかない。そう思うようにしたのです。

当時はここまでカッコイイ感じではありませんでしたし（笑）、ただただ毎日を必死に生き抜いてきました。

今まで夫が会社の数字管理をしていたので、会社の立て直しは想像以上にハードだったのです。

しかし、苦しい時期にも学びはたくさんありました。

先にも触れましたが、会社の整理の仕方や、銀行とのお付き合いの仕方、税理士さんと経営の方向性を決めていくなど、「経営課題をいかに乗り越えていくか」のノウハウを身をもって知ることができたのです。

それだけではありません。

薬膳料理の専門家として陰陽五行を学んだのがきっかけで、その風水の面白さと奥深さを知り、風水鑑定士としての道を歩むことを決めました。

会社の整理がひと段落した頃、私は「風水生活」のお店をオープン。お客様がお客様を呼び、いつしか私は風水鑑定士として17年の月日が流れていました。

こう書いてみると、すべての事柄がつながっているんだな……と改めて思います。

もちろん生きていれば、災害や事件など、自分のコントロールでは及ばない事柄に見舞われることもあるでしょう。しかし、**そういったつらい事象に直面した際は、なるべく小さくても、明るいほうに目を向けていただきたいと思います。**

ごはんが美味しく食べられるとか、多少の不具合がありながらも健康に過ごせているとか。ささいな日常にスポットライトを当てることで、自然と自分の運命を受け入れられるようになるのではないでしょうか。

POINT

つらい時期は山を登っている途中と同じ。すべては必然と、とらえることで自分から運を呼び込むことができる。

1分で金運がアップする「金運風水」とは？

「生まれつき自分は貧乏だから、金運がない」

「あの人は生まれつき金運がいいから、お金持ちになれただけなんだ」

みなさんも、こんな風に思っていることはありませんか？


「運の総量はあらかじめ決まっているから、どうせ頑張っても報われない」

もしかしたら、そう思っている方もいらっしゃるかもしれません。


しかし、私ははっきりと断言します。

運の総量はいくらでも変化させることができます。

実際、成功している経営者で生まれつき裕福だった方が、どれだけいるでしょうか？　決して多くはないはずです。

むしろ恵まれない状況であったからこそ、自分で「この運命を変えてやる」、そう思って奮起した部分も大きいはずです。


では、どのように運を変えていけばいいのでしょうか？

それは、**毎日、運と徳を貯める行動の積み重ねをしていくしかありません。**

こう書くと、まるで修行僧のようですが、それが一番の近道だと私は思います。

明日から急にお金持ち！　ということは残念ながらほぼ起こりません。コツコツと日々の習慣を変え、意識を変え、そして行動を変え、環境を変えていく。

階段を一歩ずつ上がっていくようにしか運は引き寄せられないのです。


「なんだか運を変えるって大変そうだな……」

そう感じた方もいらっしゃるかもしれません。


しかし、実は運ってとても「軽い」ものなのです。

運は「運ぶ」と書くように、動かすことができますし、さらには相手から運をいただくこともできます。


実際に、私が鑑定した多くのお客様は、小さなアドバイスで人生が好転していきました。

金運を上げる行動で、運もお金もつかみとったそんな方を多く見てきました。
その方々が行っている金運を引き寄せる方法は、とっても簡単です。

自分の身の回りの環境を「整える」。これだけです。

お金は、経済を循環しているいわば、「生き物」でもあります。生き物であるお金は、居心地のいい快適な場所が大好き。
「ここは居心地がいいな、自分を大事にしてくれそうだな」と思う場所を好む性質があるのです。そのため、お金が寄ってくる環境づくりがとても大切なのです。
お財布の中の整理整頓はもちろん、人が通る場所にモノを置かないなど、気を妨げるものは置かず、部屋もお財布の中もスッキリと整理しておくことです。

私は、この金運がアップする風水を「金運風水術」と名付けました。

この法則はとてもシンプルなのですが、多くの人がこの法則を知らないために、お金に苦労していらっしゃる方が大勢いらっしゃいます。

さて、家の中を整理整頓したところで、「龍の置物」を飾ってみましょう。

龍は「神様のお使い」と呼ばれるほど、風水に登場するキャラクターの中でも別格の存在です。邪気をはらい、財や貴人を招き、人に幸運をもたらしてくれるのが龍の役目。

私の風水鑑定を受けたお客様にもほぼ必ず、龍の置物をおすすめしていますが、多くの方から、

「仕事が増えました!」

「無理だと思っていた案件が獲得できました!」

といった報告を多く受けています。


なお、龍にはいろんなバリエーションがあります。**真鍮《しんちゅう》や水晶の龍が一般的ですが、「この龍と一緒にいたい!」とピンとくる龍を選ぶのがいいでしょう。**


いい出会いを引き寄せるためにも、**普段から龍と出会っておく必要があります。**

「え? どこで出会えるの?」と思うかもしれませんが、**私はお寺に行ってください、とお伝えしています。**お寺の中の天井部分に、龍の絵が描かれていることが多いのです。ぜひ、お寺に行かれた際には龍を探してみてはいかがでしょうか。

このように、自分の周りの環境を少しずつ金運がアップする空間に変えていくことで、気がつくとお金に不自由しない生活になる。これがまさに私の提唱する「金運は1分でアップする」方法なのです。

POINT

運の総量はいくらでも変えられる。すぐ実践できる金運風水を始めることで、金運が上向いていく。

縁がないと思うとお金は逃げていく

みなさんの周りにこんな方はいませんか？

・「いつもお金がないー」と会うたびに愚痴っている。
・「お金がないから、〇〇できない」「お金がないから、我慢ばかりしてつらい」というマイナスな発言ばかりしている。
・成功者やお金持ちの人の話は、「私には関係ないから」と言って聞く耳を持たない。

口を開けばお金がない、という否定的な発言ばかり……。**残念ながらこのような方は、自分にとってプラスになるような情報でも避けてしまう傾向があります。**

これは、非常にもったいないことです。

自分からお金との縁を切ってしまうのと同じことなのですから。

当然、お金も自分との縁を切ってしまうようなところには行きたがりません。

「それなら、自分をもっと必要としてくれている人のところへ行くね」と飛び立ってしまうのです。

たしかに、愚痴る気持ちもすごくわかります。
実際、金欠状態、というのは大変苦しいものです。私もそのような状態になったことがありますから、その苦しさは理解できます。

しかし、それを自ら公言してはいけません。お金を寄せつけない言葉を自ら口にしているのですから。

「お金が（本当はほしいのに）ない」
「お金が（足り）ない」
「お金が（ないから何をやっても意味が）ない」

同じ「お金がない」という言葉でも、これだけ意味は変わってきてしまうのです。
言葉には言霊が宿る、と言われるように、お金がないと発言することは、自分をその状態に置き続けていいんだ、とお金に思わせてしまいます。

では、どうすればいいのでしょう。

とっても簡単な方法があります。それは、

「お金がほしい」というプラスの表現に言い直すことです。

お金がなくて悩んでいる、ということは裏を返せば「お金がほしい」というシンプルな欲求が見えてきます。

そのことをまず自分の脳にインプットすること。

そうすれば、「お金がないなら、どうすればいいの?」と自ずとプラスのアクションにつながっていくからです。

POINT

「お金がない」と言うのではなく、「お金がほしい」という言葉に言い換えることで、自分のアクションもプラスのほうに切り替わっていく。

無理な節約は金運をダウンさせる

パートナーと二人暮らしをしている私は、家計を預かる主婦でもあります。日々生活をしていく中で無駄遣いは控えるようにしていますが、その中で決めていることがあります。

それは、「無理な節約はしない」ことです。

無理な節約とは、

・1円単位にまでこだわって、安いモノを買う。
・強い我慢をして、お金を使わないようにする。

ことを指します。

すごく単純に考えれば、お金を使わなければお金そのものは貯まるでしょう。

しかし、それでは「金運」は貯まらないのです。金運とは、お金を引き寄せる運の強さのこと。

金運は、お金を使うことでも貯まるのです。

私が実践している例をご紹介させてください。

私たちは、外食をすることが好きで月に数回なじみのお店に出かけて行くのですが、そのときに必ずと言っていいほど、お店の方にもお酒をごちそうします。

そこで一緒ににぎやかな時間を過ごし、涙が出るまで歓談を楽しみます。

その楽しい雰囲気は人を呼び、また縁を運んできてくれます。このことが、私たちの人脈を強くし、さらに金運をも高めてくれています。


家計を預かる主婦の方は、「無駄なお金は使わない」というマインドが自然と身についていらっしゃるのではないでしょうか。生活をしていれば不測の事態も起こるもの。そのときの備えとして貯蓄をすることは大事なことです。

しかし、あまりにお財布の紐を固く結んでしまうと、お金の流れを止めてしまうことにもつながってしまいます。

心の栄養になるもの、あるいは自分や家族自身の投資として考えられるものに関しては、むしろ積極的にお金を使うほうがいいのです。

好きな食べ物や、洋服、または映画やゲームなどにお金を使うとき、みなさんはにこにこしているはず。そのにこにことした笑顔を見るのがお金はとっても好きなのです。

POINT

無理な節約で心を枯れさせてしまうと金運もダウン。
それよりも、自分が満たされることに目を向けてお金を使ってみては？

心にスペースがないとお金が入る余地がない

「いつも時間に追われる毎日にイライラ」
「人間関係の悩みが尽きずに、常に心がモヤモヤ」
「全然貯金ができずに毎月のやりくりでためいき」

みなさんは普段、こんな思いを抱えていませんか？
こういったお悩みを心に抱えたままだと、実は金運アップを妨げてしまいます。

「それはわかるけど、でも毎日のことでどうしようもできないし……」
「心の余裕のことまで考えられない」

そう思うのも無理はありません。しかし、心にスペースを持つ方法はあります！

それはずばり、**「他人に褒めてもらうこと」**です。

それもなるべく自分に近い人、家族や親しい友人に褒めてもらうのがいいでしょう。


余裕がない状態のときは、いわば糸が張り詰めたようにピーンと張り詰め、緊張している状態です。それをまずは優しくゆるめてあげなければなりません。

それには「人から褒めてもらう」ことが一番効果的なのです。


お店にいらっしゃるお客様の中には、まさに心が張り詰めた状態になっていて、こちらからのアドバイスを受け入れる状態ではない方もいらっしゃいます。

そんなときに私はまず、ご自身のお話を伺い、その中でよかったな、頑張っているなと思う部分に対して「頑張ったんですね」「そういうところが○○さんのいいところですよね」と素直に口に出すようにしています。

しばらくすると、かたくなだった相談者様の表情もだんだん和らぎ、帰る頃には笑顔になっているのです。


褒められると、自然とまた頑張ろう、と前向きになれるもの。それればかりか、心の中に「余裕」が生まれてくるはずです。そしてそれこそが金運を呼び込むカギ。

日本人は謙遜文化であり、褒められるのに慣れていない人もいるでしょう。しかし、それはもったいないことでもあります。
ぜひ、身内の人に嬉しい言葉をかけてもらって、心の余裕を取り戻していただけたらと思っています。

POINT
嫌なこと、もやもやしていることを無理に消す必要はない。心のスペースを持つために「褒められ」アクションを起こすこと！

笑顔はお金を呼び込む磁石

私のお店で働くスタッフたちは、なんと言っても、笑顔が魅力。

「いらっしゃいませ！　こんにちは～」

明るい声と笑顔を見るだけで、「元気が出るよ」と言ってくださるお客様も多いのです。にこにことした笑顔や、明るい声を出すだけで、周りの人を癒し、いい気分にさせてくれる。**笑顔には、人を寄せ付けるパワーがあるのです。**笑顔の周りには多くの人が集まり、自分の存在を覚えてもらいやすくなります。それだけではありません。

さまざまな人と会うチャンスが増えることで、結果的にいい仕事をもらえる可能性も広がります。お金も人と同じで、明るいパワーを感じられるところに来たがるからです。


では、笑顔をどこで発揮すればよいのでしょうか？

私がおすすめしたいのはずばり「挨拶のとき」です。

家族や友人、知人、ご近所の人などとにかく自分から先ににこっと笑顔を見せる。これだけでOKです。

普段、話すときよりもワントーン高めで快活さを出すといいですね。これだけで、あなたの周りにはいい運気が流れ始めます。

ちなみに、自分ではとびきりの笑顔をつくっているつもりでも、**他人から見ると意外と「あんまり笑っていない」ように見えてしまうもの。**

・口角を思いっ切り上げる。

・手でほっぺたを上げて、それをキープ！

これらを鏡の前で練習するのもおすすめです。

年齢、性別関係なく、笑顔のいい人はそれだけで魅力的に映るもの。

自分に運を引き込むためにもぜひ笑顔を大事にしてみてください。

POINT

笑顔は人の心に明かりをともし、人もお金も寄せ付ける強い磁石になる。とびっきりの笑顔を普段から用意しておきましょう！

財布に金運を呼ぶ一万円札を入れる

みなさんは、「種銭《たねせん》」をご存じでしょうか？

種銭とは、お財布の金運アップの役目をしてくれるお金のこと。お金は、ひとりが好きではなく、仲間を大事にする性質があります。そのため、お財布の中にお金を入れておくと、自然と仲間を呼んでくれると考えられています。実際、風水でも種銭は重要なアイテムとされています。

その中でも種銭として特にパワーを持っているのが、

・一万円札。

・お札の右下のナンバーの末尾に数字の9、もしくは英語のZが入っているもの。

です。

一万円札も、数字の9も英語のZもそれ以上先がない、いわば一番大きな値ですよね。一番大きな値はそれだけ大きなパワーを持っており、お金を引き寄せる力も強いのです。

一万円札を何十枚も入れておくことは難しいですが、9とZの入った一万円札はそれにも値するパワーがある、と考えてよいでしょう。

「お財布に金運を呼び込むいわば幸運のお札と巡り合いたい！」

そう思って私もお店のスタッフもみな、常にお札の数字をチェックしているのですが、つい先日のことです。

わが社のスタッフが「橘先生、これ見てくださいー!!」と私のもとへ飛んできたのです。

「どうしたの？」と聞くと、手には一万円札を持っているではありませんか。

その手渡された一万円札は、なんと私の誕生日の数字＋9とZが入っているというまさにミラクルなお札だったのです。スタッフから詳しく話を聞いてみると、商品を購入されたお客様から手渡されたものだと言います。

「大事にしていたお札だけど、今日はこれを使うよ」と言って、うちの商品を買われていったのだそうです。これを見て私もびっくり。常日頃から意識していると、お札のほうから出かけてきてくれるのだな、とそのご縁に感謝したのです。

現在はキャッシュレス化が進み、クレジットカードや電子マネーなど現金を使わない場面が多く、現金離れが進んでいます。そのような状況で、９とZが入っているお札をチェックし、種銭を持つようになれば、自然とお金そのものに対して敬意をはらうことにもつながります。その行為そのものがとても大事なのです。

私も種銭を持ってから、まるで集まってくるように、臨時収入や飛び込みのお客様のご相談が来るなどいいことが次々に起こっています。

普段何気なく使っているお金に対して、新たな目を向ける。改めてその価値に気づく。種銭はそんな役割も担っているのかもしれません。

その種銭は、お守り代わりとしてお財布にしのばせておきましょう。**お財布を開くたびに目を合わせ、今日もよろしくね、今日もありがとう！　と感謝を込めると、より効果的です。**

POINT

種銭は、多くの仲間を呼んでくれるお守りのような存在。末尾に9とZが入った一万円札を見つけたら、迷わず種銭に！

五行の「金」を使って金運を呼び込むには？

風水は、「五行説」という考え方にもとづいています。五行説とは、中国に古くからある哲学で、すべての事柄は「木・火・土・金・水」の5つに分類されると考えます。

たとえば、「木」にあたる部分は、その名の通り「木」に関するもの、たとえば木材や木製のものが挙げられます。

それだけではなく、「木」はカラーや季節を表すこともあります。

たとえば、「木」は青や緑、季節で言えば春を意味します。

このように火・土・金・水にもそれぞれカラーと季節が決められている、と考えるのが五行説の基本的な考え方です。

金運を高めるためには、五行の中で「金」を高めることが重要です。

では、具体的に五行説の「金」を高める、とはどんなことをすればよいのでしょうか？

五行説の基本的な考え方

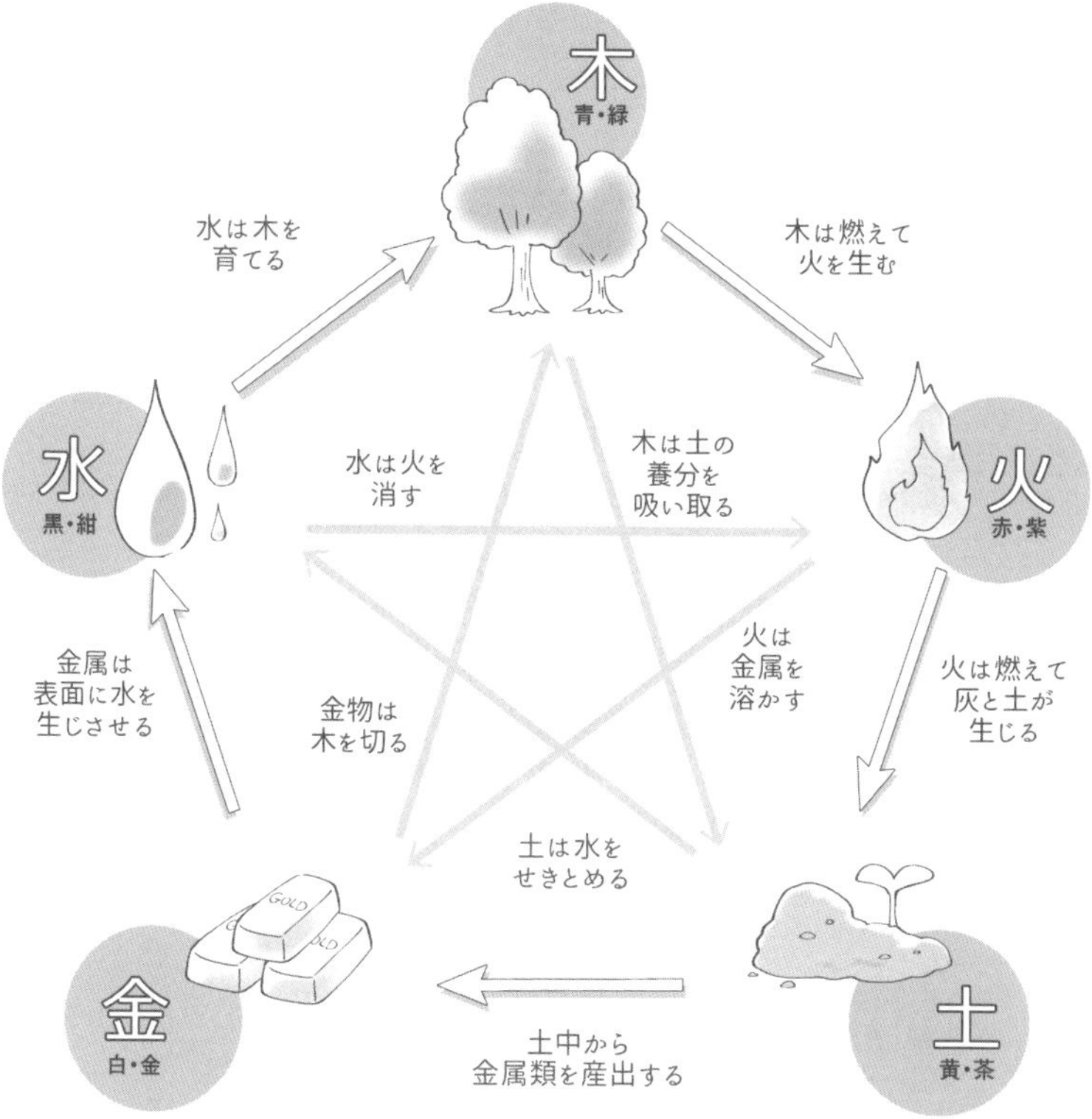

木・火・土・金・水のそれぞれに特性があります。自分のタイプのカラーは、自分を守ってくれる「お守りカラー」です。

前ページの図からもわかるように「金」には、金属や鉱物のモノを意味します。さらに、「金」にあたるカラーは、「白色」です。

そこでまずは、白いモノを身につける習慣をつけましょう。身の回りのものであればなんでも構いません。たとえば私は、白い長財布を愛用しています。お財布はお金と一番縁が深いモノになりますので、おすすめです。

さらに、**金運を体に貯めるという意味で、「白い食べ物」を食べるのもいいでしょう。**

「金」の部分は、「辛味」も意味するため、辛いものもグッド！

第6章で詳しくお話ししますが、最強の開運フードは、白菜＋辛味を持つ「キムチ」だと私は考えています。

また、白米やお餅、大根も開運フードです。

さて、これまで五行説にある「金」にまつわる「白色」をお話ししてまいりましたが、もうひとつ大事な「白」があります。

それは、日々の中で余「白」をつくり出すことです。お金は、仲間と一緒にいたがるさみしがり屋ですが、その仲間がいるための「余白」があることが大事なのです。

本章でも「心のスペースが大事」とお伝えしましたが、この余白は、お金が入り込むスペースでもあります。

たとえば、次のようなことが挙げられます。

・お財布の余白（お金が入る席となる）
・時間の余白（新たな仕事を受ける箱となる）
・人間関係の余白（新しい出会いを呼び込む流れとなる）

そう考えるといかに余白が大事かに気づけるのではないでしょうか。

忙しい現代。つい時間もお財布の中も、ぎっちり詰まっていませんか？　それでは金運が入り込む余地がありません。

「いつでも金運を呼び込む環境を整えておく」ことが、実は最も重要なのです。

これらのことに気をつけて、金運アクションを起こしてみてください！

POINT

金運を呼び込むには、五行説の中の「金」に注目。白い食べ物、白いアイテムのほか、「余白」も意識して行動しよう。

幸せなときほど神社でお礼をすると、お金が入ってくる

みなさんも、初詣や受験祈願、さらに就職祈願など、何かお願いごとをするときに神社に行かれると思います。

では、それ以外の普段のときはどうしていますか？

「特別何もしていない」

そういう方が多いのではないでしょうか。

神様とのお付き合いの仕方としてそういうスタンスでもよいでしょう。しかし、神様との結びつきをもっと強力にする方法があります。

それは、「運勢が順調にいっているときにこそ、神社にお参りをすること」です。

物事が順調に進んでいるのは、もちろんみなさんご自身の頑張りによるところでしょう。しかし、その運をもたらしてくださっているのはほかでもない、神様の存在です。また、「成功しているのは、自分が頑張ったから」という考えでは、他の広がりを持つこともでき

ません。

神様のおかげである、もっと言うと自分を支えてくれている仕事仲間、友人、家族がいるから自分は順調に物事が運べているのだ、と自分を俯瞰することにもつながります。

「願いごとが叶ったあかつきには、お礼参りをせよ」とよく言われますが、私はお礼参りはもちろんのこと、普段の生活でも折に触れ、神社にお参りすることを心がけています。

「こんなに幸せにしてもらって、いつもありがとうございます」

「今月はこんなことがありました。また来月も頑張ります」

というように、報告と感謝の気持ちを表す。これだけで、運気が新たに流れていくのです。

お参りする神社は、パワースポットと呼ばれるところでなくて構いません。いつも私たちを見守ってくださっているのは、むしろ氏神様や近所の神社です。

みなさんも月に一度は、近況報告を兼ねてお参りしてみてはいかがでしょうか？　心も晴れ晴れしますよ。

お参りをするときに、心がけてほしいことが２つあります。

ひとつ目は、ちょっと背伸びしたお賽銭《さいせん》を納めることです。ちなみに私は1回につき千円を納めるようにしています。

「ちょっと多いな」と感じる額、つまり自分の中で少し背伸びした額を入れることで、神様にもそれが伝わり、結果として大きな運を授けてくれることになります。

自分から先に与える。このことを参拝でも意識してみましょう。

2つ目は、ピン札を用意することです。

綺麗なピン札は、もらうと気持ちがいいものですよね。それは神様だって同じです。綺麗なピン札がなければ、アイロンでシワを伸ばした状態で、お賽銭箱に投入しましょう。

氏神様は、あなたを見守ってくださるごく身近な神様です。いわば、みなさんの「身内」とも呼ぶべき存在。そんな神様に自分のことをお話しすると、不思議と感謝の心が湧き上がってくるのです。

また、自分の気持ちがリセットできたり、胸の内を聞いていただいたりすることで心機一転、また頑張っていこう、というやる気も授けていただけます。

いかがですか?

神社の参拝って、とってもいいものだと思いませんか？

コロナ禍の今、神社に参拝することが難しい場合には、神社がある方角を向いて、手を合わせる。それだけでもよいのです。大切なことは、見守ってくださる神様に感謝の気持ちを伝えること。

それを習慣化していくことで、あなたの金運は高まっていくはずです。

POINT

氏神様に月に一度参拝することで、自分の気持ちをリセット。

お賽銭は気持ち多めに納めることで、大きな運となって返ってくる。

月に一度、お墓参りをしよう

最近、私の周りで赤ちゃんの誕生があったり、知り合いの方が亡くなったりと、人の生死を間近に感じる機会がありました。私も家族を亡くしてからお墓参りは欠かさずにしていましたが、コロナということもあり、少しお墓参りが間遠になっていたのです。
周りで生死に関わるニュースを聞き、私はハッと気づきました。
「当たり前のことだけど、私たちがここにいられるのは、ご先祖様がいるからだわ。やっぱり月に一度のお墓参りを欠かしてはいけない……」と。

ぜひ、運気をアップさせるためにも、お墓参りに月に1回、必ず行くようにしてみてください。

神社へのお参りももちろん大切ですが、それ以上に**ご先祖様はみなさん自身をサポートしてくれる、強力な応援団なのです。**

お墓を綺麗に掃除して、お花を飾る。お線香をあげる。
最後に「ご先祖様、いつもありがとうございます。ここまで頑張ってこれました」と、自分の成果を報告しましょう。きっと、「そうなのか、うんうん」と聞いてくださるはずです。
今はコロナ禍で全体的に外出がしにくい時代。お墓参りに行けば、きっとご先祖様たちもより嬉しいのではないでしょうか（笑）。

もし、お墓が自宅から遠くにある、または健康状態などから、なかなかお墓参りに行けないという場合には、**お墓がある方角に向かって手を合わせ、感謝を述べるだけでもいいのです。**

お盆のときだけではなく、月に一度ご先祖様のことにも思いを馳せてみてはいかがでしょうか？

POINT

ご先祖様はみなさんの強力なサポーター。
月に一度近況報告をすれば、みなさんの活動を喜んで応援してくれるはず。

第2章

あなたの口ぐせが「増えるお金、減るお金」を決めている

本書を読んでくださっているみなさんは、「金運を上げたい」という強い想いをお持ちだという前提でお話しいたします。

さて、みなさんが考える「金運が上がる」状況は、どのようなイメージでしょうか？

「予期していなかった臨時収入が入ってきた！」

「自分の給料が上がった！」

「夫の給料が上がった！」

または、「金運が上がって毎日高いお肉が買えちゃう！」という具体的なイメージを持つ方もいるかもしれません。

しかし、次のようなことをイメージする人は少ないのではないでしょうか。

「宝くじを当てたい」

「ギャンブルで大勝したい」

「なんにもしなくても、お金が降ってきてほしい……」

最後の願いは冗談にしても、このように、棚からぼたもちで金運を上げたいとは思っていないはずです。

実は、「金運を上げたい」と願うその心理の奥には、

「最高に利益を出したい」

「お客様がたくさん来るお店にしたい」

という目標と結びついているものだと私は思います（もちろん中には、宝くじを当てたい！　というギャンブル運を引き寄せたい人もいるとは思いますが）。

つまり、ただ単に金運を上げたい、と思っているのではなく、人は金運とセットで自分の行動や環境をも変えたいという願望を口にしているのです。


ギャンブルや宝くじの運を上げるのは、自分の力だけではどうすることもできない、いわば偶然の産物とも呼ぶべき事象でしょう。しかし、金運を上げることが「お金を自分で稼ぐ」ことだとしたら、自分の普段の行動がより大事になってくると思いませんか？

第2章では、行動の中でも「口ぐせ」に注目してお話を進めていきます。普段何気なく選んでいる言葉が、実は金運アップに深く関係しているのだとしたら……とっても気になりませんか？

では、金運をアップさせる、まさに「金言」をみなさんにご紹介していきます。

お金はポジティブな口ぐせが好き

日々仕事や生活のふとした中で、嫌なことや思ってもみなかったトラブルなどに見舞われることがありますよね。そういったときに私たちはついつい、マイナスな言葉を言ってしまいたくなります。

「最近ツイてないな」

「毎月、お金が足りなくて」

「私は運がないから、いつも騙されるのよ」

このようなネガティブな言葉を言うと、言った分だけ、金脈や金運を遠ざけてしまうことにつながります。**特にお金はポジティブな口ぐせが大好き。**私たちもポジティブなもの、明るい人のほうに引き寄せられますよね。

つまり、**私たちは本能的に、自分にとってプラスになるもの、ポジティブな物事を選び取っているのです。**お金にとってもそれは同じです。

「○○さんが嫌い」

「私はいつも貧乏くじばっかり引いている……」

などと言っているネガティブなオーラには近づいてこないのです。

「それはわかるけど……でもつらい気持ちはどうすればいいの？」

たしかに、日々生活していてつらいことはありますよね。私も努力だけではどうしようもないことがあるな、ということは経験上すごくよくわかります。そこで私は、特に次の2つのポイントを意識しています。

ひとつ目は、「**ネガティブな言葉をポジティブな言葉に置き換えること**」です。

たとえば、「あの人は嫌い！」と切り捨てるのではなく、「私は苦手なタイプかな」と置き換えてみる。

「仕事の人間関係が合わなくて憂鬱《ゆううつ》」ではなくて、「他人は他人、私は私。仕事だけの最低限の付き合いにしよう」と言い換えてみる。

「お金が足りない！　だから私はダメなんだ……」と落ち込むのではなく、「足りないから日々の生活を見直してみよう、それでもダメなら仕事を増やせないかな？」と前向きにとらえてみる。

いかがですか？

もうひとつのポイント。それは、**「否定の言葉で終わりにしない」**ということです。

「つらい・無理だ・できない」といったネガティブな言葉で終わるのではなく、「やってみよう・できそうなことを見つけてみよう」といったポジティブな言葉で終わる。そうすることで、お金もみなさんの前向きなパワーをキャッチしてくれるはずです。

今日から「ポジティブな言葉」でしめくくってみてはいかがでしょうか？

POINT

お金はポジティブなほうに寄ってくる。
ネガティブな要素をポジティブに換える「プラス言葉」をたくさん持とう。

毎日の言葉が銀行残高を決めている

風水のお店を経営していますと、ときにすごい行動力を持って金運をつかんでいる方のお話を聞きます。そのひとりが、40代女性のAさん。独身にしてマンションを購入したというのです。そのお金を大事にする度合いがとにかくずば抜けています。

毎月、給料をいただくと銀行からすべて引き出し、そのお金に一枚一枚アイロンをかけて、シワひとつないように新札同様にします。さらには、ピン札をゴールドのお財布に入れ、伊勢神宮で購入した神棚に飾る。小銭は、定期的に銭洗い弁天に行き、綺麗な水で洗う。

朝は必ず神棚にお参りをし、

「いつもありがとうございます」

とお金に対して手を合わせる習慣があると言います。

お金が必要になれば、神棚から必要な分を出し、常にお金に向かって、

「大好きです」

「感謝しています」

というポジティブな言葉をかけているそうです。

支払いをするときには、

「いってらっしゃい」

「また戻って来てね」

と、気持ちよくお金を送り出すのだそうです。


手間と時間をかけて、そしてお金に常に声がけをしているAさん。結果的に彼女は、マンションをひとりで購入できるほど、大きな財をつくるまでになったのです。

Aさんの素晴らしいところは、お金をモノとしてぞんざいに扱うのではなく、人と接するように丁寧に接している、という点にあります。お金にかける言葉を毎日反復することで、自分自身の価値観にも変化が生まれたのでしょう。


「お金はとっても大事な価値あるものなんだ」

「お金をもっと大切にしたい」

そういう気持ちを芽生えさせてこそ、本当の金運サイクルは回っていきます。

とはいえ、「Aさんみたいにはなかなかできないかも……」と思われる方もたくさんいらっしゃるでしょう。

たしかに、これだけの手間を習慣にするのは大変なことです。そこで、今日から簡単にできる金運アップのコツをお伝えします。

まずは、お財布を開いたときに、お金に声をかけてみてください。

「いつもありがとうね」

「大好きだよ」

といったポジティブワードを連発しましょう（笑）。

心の中で声がけすればOKです！

次に、お支払いのときは

「いってらっしゃい」

「また戻って来てね」

と心の中で唱えましょう。

これらを習慣化していく。すると、金運がアップしていくのです。お金は循環するモノだから、また喜んでみなさんのもとに戻って来てくれるはずです。

現在はキャッシュレス化ということもあり、なかなか現金を出す機会も減っています。だからこそ、お財布を開いたときはチャンス！

ぜひ、「毎日お金に声がけをする」ことを意識してみてください！

POINT

命の次に大事なのはお金。そのお金を丁寧に扱い、毎日ポジティブな言葉をかけてみよう。

口角を上げて挨拶すると金運が上がる

その昔、私の母は広島県倫理法人会を設立しました。その母が私によく言っていました。

「運を味方につけるにはね、元気に挨拶をすることが大事なのよ」

私は今もこの教えを守り、これに風水的な考え方をプラスして実践しています。私が心がけていること、それは「口角を上げて」にこっと挨拶することです。

「えっ？　挨拶ならいつも口角を上げてやっていますよ！」

こんな声が聞こえてきそうですが、では試しに、鏡の前に立って「おはよう」と呼びかけてみてください。

意外と無表情だと思いませんか？

そうなんです、実は私たちは普通の表情でなんとなく挨拶をしていることが多いもの。

「口角を上げる」と意識しないと、相手には笑顔でいることが伝わりづらいのです。

それに対して口角の上がった笑顔で挨拶をすれば、相手にもいい印象を与えることができますよね。**いい笑顔の人には周りの人を寄せ付けるパワーがあります。**

それだけではありません。そのいいパワーに魅かれて金運も波動の高いほうに寄ってくるのです。


また、口角を上げるだけで、脳内にあるホルモン「セロトニン」が分泌され、ストレスを和らげると言われています。

お金もかからないこの方法、使わない手はありませんよね！


ただし、普段口角を上げることを意識していないと、なかなかとっさにはできないもの。

そこで、口角を上げるトレーニングから始めてみましょう。口角を上げることは、頬をぐいっと持ち上げることにもなります。

最初は手を使ってほっぺたを持ち上げて口角を上げてみたり、あるいは割り箸を横にして口にくわえて、口角を上げる訓練をするのも効果的です。

これらの行動によって、自分の顔の筋肉がどの位置にあるとき、口角が上がっているかをインプットしていくのです。

現在はマスクごしの生活をしているため、口角を上げても見えないことが多いと思います。しかし、それでも目元の柔らかさや声のトーンで、あなたが笑顔で挨拶していることは必ず伝わります。ぜひ、トライしてみてください！

POINT

口角を上げることは、すなわち笑顔をつくること。口角を上げることで人も金運も寄ってくる。毎日のトレーニングで挨拶美人に！

毎日の「ありがとう」で金運がアップ

私は、金運というのは「いい言葉を貯めて、人とお金に好かれること」が大切だと考えています。言葉というのは、基本的に相手に向かって投げかけることが多いものですよね。**いい言葉を話すことは、他者に言葉の贈り物をしているのと同じ。**

逆に悪い言葉遣いをすれば、一種の言葉の暴力にもなるのではないでしょうか。

いずれにしても、言葉遣いと金運は密接に結びついています。

金運をアップさせる一番いい言葉、それは「**ありがとう**」という感謝の言葉です。とにかく、すべてのことに「ありがとう」という気持ちを持つこと。これを実践してみてください。とはいえ、こんな疑問が浮かぶかもしれませんね。

「何かをしてもらったときには感謝するけど、普段の生活でありがとうを連発することなんてないかも……」

しかし、そんなことはありません。

もともと、風水では

「私たちは自然と共に、自然の恵みを受けて生きている」という考え方にもとづき、鑑定等を行います。すなわち、太陽も、空も、大地も、海も、空気も、すべて元は自然から与えていただいたものです。

それに対して「ありがとう」という気持ちを持つのは、決しておかしなことではありません。

「ありがとう」という言葉は、お金にも積極的に伝えましょう！

当たり前ですが、お金があるからこそ、私たちは経済活動ができるのです。５００円玉をコツコツ貯金するように、お金に感謝の気持ちを伝え続けることで、お金との信頼関係が徐々に築かれていきます。

やがて、その思いがお金に伝わり、みなさんの「金運」は太いものになっていることでしょう。
自分を愛するように、お金を愛すること。ぜひ感謝の気持ちを持ってお金と接してほしいと思います。

POINT

人にも、自然にも、そしてお金にも「ありがとう」の気持ちを伝えることで金運は上がってくる。

素直な「はい」はお金にも愛される

みなさんは、成功している経営者の方々の特徴を知っていますか？

時間にシビア、リスクを恐れずチャレンジする、などいろいろある中でも私は、「**何事も素直に受けとめること**」だと思っています。

たとえば、今まで経験したこともない仕事が降ってきたとしましょう。みなさんならどうしますか？

慎重な方であれば、「せっかくのお話ですが、自分は力不足なので……」と断ってしまうかもしれません。

しかし、成功マインドを持ち合わせている経営者の方は違います。

「はい！　やってみます」

二つ返事でチャレンジしてしまうのです。

また、こんな例はどうでしょう。

「自分には不得意だ」と思っていた仕事があるとしましょう。

それも、成功者の方々は「はい」と言って素直に引き受けるのです。このように、どんな局面でもまずいったんは、「やってみる」という行動力が身についていらっしゃいます。


なぜ、引き受けるのか?

それは、物事のチャンスを一度逃してしまうと、二度と来ないことを実感しているからです。

仕事を依頼してきた人は、「あなただからお願いしたい」という気持ちを持っています。

それを断ってしまうのは、「私には素質がない」と自分から宣言していることと変わりません。

なんともったいないことでしょう!

あなたを一番に推してくれた人の流れを断ち切ってしまうこと、これはいい運気の流れを断ってしまうことです。


実は先日、私もとある女性会の幹事を「やってくれないか」と頼まれ、「みんながそう言うなら……」と引き受ける、そんなことがありました。

幹事ともなれば、会合の手配やその準備などを引き受ける必要があります。当然、仕事をしながらですから、時間も体力も必要になります。

しかし私は、「これも何かのご縁」ととらえ、トライしてみることにしました。

実際、活動してみるとこれまで話したことのなかった人とさまざまな話ができたり、思わぬ出会いがあったりと、日々気づきの毎日を送っています。お金は、人のご縁から運ばれてくることもあります。**そのため、舞い込んだ話を積極的に受けていくことが、金運の流れをよりスムーズにするのです。**

仮に、依頼を受けてみて、やっぱりダメだったらそのときに考えればよいのです。もしうまくいかなかったとしてもそれは「経験」というあなたの財産になります。ぜひ尻込みせず、お役目に対して「素直に受ける」ことを心がけてほしいと思います。

POINT

頼まれごとは、試されごと。依頼された物事にはすべて「はい」と答えてみよう！

「ツイてる」と言うとお金もツイてくる

お店には奥に個室があり、そこで個人鑑定を行っています。いろんな悩みを抱えたお客様を鑑定するのですが、鑑定を終えたお客様全員に、私は必ず2つお伝えする言葉があります。

「あなたは、今日から大丈夫です。私もついてるし、運もツイてきますから！」

「これから、私はツイてる！　って口に出すようにしてみてください」

そう声をかけると、みなさんは笑顔を見せて、帰って行きます。

鑑定をきっかけに、相談者様には「ツイてる」と思うスイッチを入れてもらうのです。

もちろん、毎日過ごしているとツイてることばかりではありませんよね。トラブルや嫌なことが続くこともあるでしょう。

それでも、「ツイてる」「ツイてる」と言うことで、「嫌なことがあっても、私はツイてるんだ」ということを脳に記憶させ、心の余裕を持つことができるのです。

心の余裕は、お金が入り込むスペースになります。積極的にこのスペースを増やしていくことで、お金が入りやすい体質に変わっていくのです。

実際私も、自分をツイてる人間だなぁと思い、日々過ごしています。いいことが起これば素直に喜び、逆に嫌だなぁと思うことが起こると、「私はツイてるから大丈夫！」とポジティブに切り替えることができます。ぜひみなさんも今から、「私はツイてる！」と口にしていきましょう。

朝、鏡の前で1回つぶやきます。
トイレ休憩の鏡の前で1回。
夜、お風呂から出たら1回つぶやく……。
このように、鏡の中の自分に向かって、声をかけてあげてください。そうすることで、みなさんの金運アップに必ずつながっていきます。

POINT

「ツイてる！」という言葉は、金運を引き寄せる魔法の言葉。1日に何回もつぶやいて、自分をツキ体質に変えよう！

逆境でも「成長するチャンスだ」と言うと金運アップ

私が46歳のとき、私の人生は大きく変わりました。夫が倒れ、夫の代わりに会社経営をする立場に立たされたのです。

まさにあのときが私の「逆境」の始まりでした。突然のことに私も心が追いつかず、「この先どうすればいいのだろう……」と途方に暮れてしまったのです。

そのとき、姑から一言こう声をかけられたのです。

「大変なことになってしまったけれど、玲華さんに乗り越えられると思って試練が来たのよ」と励ましてくれたのです。

それまで落ち込んでいた私はその言葉にハッとさせられ、不思議なほど私の心にスーッとしみわたっていきました。

「そうだ、ほかでもない、私に巡ってきたこの試練は、私にとって必要なことなのかもしれない……」

それから私は心機一転、会社の立て直しと夫の看病、社員管理の一人三役をこなしていくことになりました。もちろん、私の力だけではありません。大学生だった娘も必死に夫の看病をしてくれていました。

専門家の方々や家族、周りの友人たちに支えてもらいながら、私はがむしゃらに会社の立て直しに奔走したのです。

今、みなさんに訪れている逆境は、「あなたなら必ず乗り越えられるはず」と神様からご指名を受けたものです。そうであれば、やることはただひとつ。

「やるしかない」と決めてしまうことです。

心に決めれば、あとはその逆境に立ち向かうだけ。いわば「逆境」という山のふもとにたどり着いたのと同じです。

みなさんが山を登り始めれば、「苦しいな」「もう引き返したいな」と思うときもあるかもしれません。それでも足を止めずに一歩ずつ歩みを続ければ、必ず頂上に着き、間違いなく運気も上がっていくのです。

さて、私の逆境のつづきです。採算が取れないいくつかの会社を清算した私は、50歳のときに風水のお店をスタート。逆境を乗り越えた先に待っていたのは、たくさんのお客様との出会いでした。

「あのとき、あきらめずに頑張ってきてよかった!」と、振り返ってみて、ひしひしと感じます。

もし私が挫折して何もかも投げ出していたら、今の私はないのですから。


「逆境」は、何も私のような経験だけを意味するのではありません。

「仕事がうまくいかない」「自分に向いている仕事がわからず目標が立てられない」など、人それぞれ逆境に感じることは違います。

大切なのは、**「逆境を成長のチャンスと受けとめて、自分からアクションを起こすこと」**です。結果的に私は、会社の清算関連の手続きにとても詳しくなり、経営者の方々にアドバイスができるまでになりました。

これも逆境がもたらしてくれた、「成長の証」だと私はとらえています。

POINT

逆境は苦しいけれど、それは「山に登っている上り調子」だから感じること。逆境こそ成長のチャンスととらえて前向きに!

「忙しい」という言葉は金運から見放される

「毎日忙しいですか？」
みなさんがそう問われたときに、
「忙しくありません、暇なんです～」
と答える方はほとんどいないでしょう。

仕事に家事、あるいは子育て、介護、ボランティア、趣味など現代人は、時間に追い立てられるように忙しく生活しています。もはや、それが当たり前になっているのではないでしょうか。

しかし、この「忙しい」という言葉が「金運」を遠ざけているのだとしたら……？　みなさんの考えも変わるのではないでしょうか。

「忙しい」という言葉をもう少し深掘りしてみましょう。

・**時間に追われていて余裕がない。**
・**疲れている。**
・**予定が詰まっていて、身動きが取れない。**

このように、ネガティブな印象を与えます。

ここで、想像してみてください。
もし、みなさんが友人を食事に誘った際、「忙しいからまた今度にしてくれる？」と言われたらどう感じるでしょうか？
私だったら、「あ、今は忙しいから声をかけるのはよそう」と思って連絡するのを控えたり、あるいは再度声をかけたりはしないでしょう。

金運もこれと同じです。
「忙しい、忙しい」と言っている人の側には寄ってきません。忙しい人の邪魔をしてはいけない、と言わんばかりに金運のほうから遠ざかってしまいます。

では、成功している経営者はどうでしょうか？　実は驚くほど「忙しい」という言葉を使わないのです。

「充実している」

「楽しくしている」

といったポジティブな言葉で忙しさを表現します。

そればかりか、仕事や日々の生活の中でいかにして「余裕」を持つか、常に考えているのです。

もちろん、「忙しさ」というのは人それぞれ感じ方が違います。しかし、その忙しさは物事の優先順位を上手につけることで、いかようにも変えられると私は思います。

ある有名な先生の講演会が開かれるとのことで、知人に連絡をしたときのことです。

「せっかくの機会だから、一緒に行かない？」

と声をかけたところ、

「その日は歯医者だから忙しい」

と断られてしまいました。

たしかに、歯医者さんの受診は大事なことです。しかし、めったにない機会だと認識せず、「忙しい」という言葉で片づけてしまうのはなんとももったいない気がしませんか？

以後、その方とは疎遠になったのは言うまでもありません。

「なぜか自分の時間が全く取れない」

「忙しいのに、全然充実感がない」

そう思っていらっしゃるみなさん。まずは物事の優先順位のつけ方を見直してみてはいかがでしょうか？

優先順位を整理してみると、自分がやるべきことが明確になり、ひとつの物事に集中しやすくなります。集中することで、物事の処理スピードが上がり、結果的に合理的な時間の使い方ができるようになるでしょう。

合理的な時間配分により、時間の余裕が生まれ、それが心の余裕となって金運を呼び込めるはずです。

POINT

自分にとって何が大切か？

定期的にチェックして、心の余裕をゲットしよう。

お金持ちを批判すると、貧乏人に一歩ずつ近づいていく

現在は、芸能人やセレブの方の優雅な暮らしぶりをテレビやネットなどで見ることができますよね。私はひたすらすごいな〜、と思って見ているのですが、オンエアの翌日にふとネットの書き込みなどを覗くとそこには悪口のオンパレード……。つい、スマートフォンの画面を閉じてしまいます。

私たちの暮らしとはかけ離れた、住宅の内装や、調度品、また高級車の数々などを見るとなんらかの感情が生まれるのは、自然なことです。

しかしながら、それを批判してしまう、ということはすなわち、「お金の価値そのものを否定している」ことになってしまいます。

本当は、今よりもお金を稼ぎたいのに、もっと経済的に豊かな生活をしたいのに……、その願望を「ねたみ」に変えて、つい文句を言ってしまう。これでは、自分から金運の流れをシャットアウトしているのと同じです。

「私はお金なんかいりません、お金持ちとは縁がないのです」

と神様に向かって発言しているようなものです。

それってもったいないことだと思いませんか？

そうは言っても、きらびやかなセレブ生活をしている人を見て、さわやかないい気持ちになる！　なんてことも難しいですよね。では、今こうしてお金持ちになっている方々は、「なぜ」そうなったのか理由を考えてみることから始めてみましょう。

もしかしたら、人一倍努力をして今の生活にたどり着いたのかもしれません。

あるいは、自分のプライベートは犠牲にしてきたからこそ、今の暮らしがあるのかもしれません。

一見素晴らしい生活を送っている方々もその背景には、人には言えない苦労や悩みなどが多く隠れているものです。

しかし、著名人の背景や苦悩まで映し出すことはありませんよね。テレビやネットでは、ある一部分を切り取って流しているだけに過ぎないのです。悪口や文句が出そうになったら、ぜひ一度立ち止まってこのことを思い出してみてください。

さて、今よりもっと金運の流れをよくしたいのなら、まずはお金持ちの存在を、否定し

ないことから始めてみましょう。


「うらやましいな」

「私もこうなりたいな」

という、羨望の気持ちを抱くのは構いません。相手の行動に対して素直に受けとめているのですから、ご自身の本当の気持ちにも素直に耳を傾けてみてください。

そうやって、**相手にも自分にもとことん素直になっていくことで、神様にはその思いが伝わり、その瞬間から金運はよくなっていきます。**

POINT

お金持ちをねたむことは、お金そのものを遠ざけること。お金持ちの存在を認め、自分の本当の気持ちにも素直になって。

寝る前に「お金があって幸せ」と唱えて寝よう

1日を終え、寝る前のひとときに必ず行うルーティンがあります。それは、「**今日も1日終われたことに感謝します。お金があって幸せです**」と心の中で唱えるのです。

家族の誰に聞かれることもない、私だけの呪文です（笑）。毎日を過ごしていると、さまざまなことが起こりますが、とはいえ寝る場所があって、食べるものにも困らず生活できていることは「周りの人の支え」と「お金」があるからです。

今後もお金に好かれるように、私はお金と仲よくしている自分をイメージし、「お金があって幸せ」と唱えています。

この呪文を唱えるとき、現実的なお金のあるなしは関係ありません。

大切なのは、脳に「お金がある」状態を思い込ませることです。脳は、現実に起きていることと、未来のことを、正確に区別はできません。

これをうまく応用して、「すでにお金がある」と思い込むことで、実際にお金がある、いわば「お金持ちの脳」に書き換えてしまうのです。

みなさんは予祝《よしゅく》という言葉を知っていますか？

未来に起こることを前祝いすることで、実際に願いが叶うという一連の行動なのですが、これも脳が持つパワーを使った方法だと思います。脳の賢さをあなどってはいけません。「お金がある」と脳がインプットすれば、脳はそれにふさわしい情報や行動、さらには感情をもたらしてくれます。

「最近金運がなくて……どうしたらいいでしょうか」と相談にやってきたBさん。

風水鑑定を終え、最後に「お金があって幸せ！　と唱えて寝るようにしてみてください」とアドバイスすると、「早速、試してみます！」と帰って行きました。

2ヵ月後、Bさんが再び鑑定に来たときのことです。

にこにこと笑顔でお店に入って来られたので、「Bさん、何かいいことがあったのですね！」と声をかけると、「先生聞いてください！　入らないと思っていた補助金が入ることになったんです！　もう最高です！」と話されるではありませんか。

「それはすごい！　お金があって幸せ～と唱えていらっしゃるんですね」とお伺いすると、「はい、あれからずっとそう思い込むように行動してきました。そう思うことで不思議となんにでもチャレンジしようって気持ちになるんですよ！」と、嬉しそうに答えてくださいました。

脳ってすごいですよね！　これはBさんだからできたのではありません。誰でも気軽に始められる簡単なことです。

みなさんがやるべきことはただひとつ。

「お金があって私は幸せ」と、寝る前に唱えること。

お金の不安や恐れは手放し、幸せだけをキャッチしていくと決めれば、あとは勝手にみなさんが望んだ現実がついてくるはずです。

POINT

脳は現実とイメージの区別ができない。その性質をうまく利用すること。「お金があって幸せ」と脳にインプットすれば、あとは脳が勝手に叶えてくれる。

第3章

何をやるかより「誰とやるか」で金運が変わる

私の人生の中で大切な位置づけになっている、風水。念願だった風水のお店を始めてから気づいたことがあります。それは、「同じ熱量を持った人」「好きな人」と仕事をすることが金運を上げるためにとても大事だ、ということです。

同じかそれ以上の熱量を持った人とやる仕事は、1＋1が2ではなく、5にも10にも何倍ものパワーを生み出してくれます。それだけではありません。

「今日はどんな話をしようかな」

「新しく思いついたアイディア、どんな反応するかな？」

など、仕事場に行くのも楽しくなるんですよね（笑）。それくらい、「誰とやるか」によって金運は大きく変わってきます。

そうは言っても、お勤めの方であれば、好きな人とだけ仕事をする、あるいは熱量を持った人とのみ仕事をするのは難しいもの。また、その環境を求めて自分から職場を移るのも難しいでしょう。であれば、まずおすすめしたいのが、趣味のサークルや興味のあるボランティアサークルに入ってみることです。

そのコミュニティでぜひ「熱量の高さ」を実感してみてください。きっと、「誰とやるか」で物事が進むスピード感や面白さなどが格段に違う実感を味わえるはずです。

第3章では、金運を上げるために大切な「人」との付き合い方を中心にお話ししていきます。金運が上がる人の特徴もご紹介しながら、今日からできる開運アクションについてもお伝えしていきます！

付き合う人を変えると金運が上がる

みなさんは、お金持ちの友達は何人いらっしゃいますか？

「友達はみんなお金持ちだよ」と言う方は、すでにお金持ちかもしれません。

一方、「お金持ちってどうやったら知り合えるの？」と言う方は、残念ながらあまりお金持ちではないでしょう。


これはいったいどういうことなのでしょう。

実は、みなさんの周りにいる人たちが、「あなた自身の金運度」を決めているのです。

お金持ちの友人が多ければ、あなた自身もお金持ちだ、ということです。よく、「自分の友達10人の年収を足して10で割ると、それが自分の年収と同じになる」と言われますが、これは本当のことです。


お金持ちの周りにはお金持ちが集まりますし、お金のない人の周りにはお金のない人が集まります。言ってしまえば、自分と同じくらいのレベルの人間を引き寄せてしまうのですね。


ではなぜ、そんな現象が起こるのでしょうか？

それは、簡単なことです。お金や仕事は、すべて人が運んでくるもの。つまり、お金を運んでくる人の運が高ければ、あなたの金運も自然とアップするのです。

金運が高い人を見てみると、周りの人を大切にしていることがわかります。人を大切にしているので、お金からも愛されるのです。


ちなみに、「昔は周りにたくさんお金持ちがいたのに、今はお金持ちが全くいなくなった」という方は、金運が下がっている証拠です。

そんな方は、人を遠ざける行動をとっていませんか？

または、感謝の心が足りなくなっていませんか？

心当たりがある方はぜひ、これらのポイントにも気をつけてみてください。

自分の金運を調べるには、「自分の周りの人を注意深く観察すること」だとわかりました。

さて、みなさんの周りにはどんな人が思い浮かびましたか？

「周りにお金持ちの人が思い浮かばなかった……」という方、金運をアップするためには、**普段から金運が高い人と付き合うのが近道です。**

そうは言ってもいきなり金運が高い人の側に行くのも困難ですよね。「金運が高い人が周りにいない！」ということもあるでしょう。そこで、次の方法をおすすめします。

まずは、自分の状況を整えましょう。

・**ポジティブなマインドがあること。**
・**お金を大事にする心を持っていること。**
・**素直さを持っていること。**

これらを意識します。

金運が高い人に近づいていく心構えをする。そしてそのうえで憧れの人に会いに行く。オンラインなどでもいいですが、できればリアルな講演会に出かけて行くことです。そして可能なら、写真撮影や握手などでオーラを分けていただきましょう。

これまでは遠い存在だった憧れの人に会いに行く、これこそが開運アクションです。

このアクションをきっかけに、自分のマインドが少しずつ変わり、行動が変わり、付き合う人が変わり、やがて「金運アップ」へとつながっていきます。

POINT

金運を上げたいなら、金運が強い人の側へ自ら近づくこと。講演会、セミナーなど積極的に会いに行ってみては？

お金がない人と付き合うと運気は下がります

みなさんの周りにこんな口ぐせの人はいませんか？

「お金がないから○○できない」
「食費を切り詰めて、なるべくお金を使わないようにしている」
「働くのが面倒くさい」

このような発言を少なくとも3年以上繰り返している人がいたら、距離を置くことをおすすめします。

お金がない人の周りにいると、運気そのものが下がってしまう。

厳しい言い方かもしれませんが、それが私の実感です。

お金がない人とは、単に月々の支払いに困っている人だけのことを指すわけではありません。お金を寄せ付けない性質を持っている人のことを言います。

・すべての物事に否定的な人。
・仕事に飽きっぽく、モチベーションが低い人。
・「どうせ私なんて」と自分も否定している人。
・「○○が悪いから、お金がない」という他責の人。

お金がないという事柄から、これだけのことがわかるのです。また、このようなお金がない人の側にいると、どうしても負のエネルギーに引っ張られてしまいます。

みなさんもこれまでに、グループ内で誰かの悪口や自虐ネタを聞いたことがありますよね。ちょっとそのときのことを思い浮かべてみてください。

悪口の言い合いが始まってしまうと、どうしても発言者に耳を傾けてしまう、自分は決してそうは思っていなくても、なかなか反対意見は言い出しづらい……、そんな経験はありませんか？

そうです、**負のエネルギーは実は正のエネルギーよりも何倍も強いパワーを持っているため、知らず知らずのうちに、負のエネルギーを受け取ってしまうのです。**そして、これこそが運気を下げる原因となっています。

では逆に、お金がある人はどんな特徴を持っているのでしょうか？　私は次のように考えています。

・まじめに働いている人。
・自分の機嫌を自分でとることができる人。
・明るく、元気な人。

いわば「正のエネルギー」を持った人こそが、人も、お金も、そして運気も、引き寄せるのです。

「私、強運体質なんだ〜」
「仕事が楽しくって毎日充実してる！」
こんな口ぐせの人に出会ったらぜひ話を聞いてみましょう。自分もその強運をくっつけてもらえるかもしれません！

私にも経験があるのですが、「お金がない」と発言する運気の低い人が、昔からの知り合いや友人だったりすると、それまでの付き合いからなかなか関係を断ち切れないことがあります。

優しいみなさんなら、「大変なら少し助けてあげたほうがいいのかな」とか、「話を聞くだけなら……」といって、そのような行動に出るかもしれませんが、私はおすすめしません。

自分の運気を上げられるのは、自分の行動だけ。優しい心を持ち、手を差しのべると、あなたまで運気を下げてしまうことになりかねません。

厳しいことを言うようですが、このこともぜひ心にとめておいてほしいと思います。

POINT

お金がない人の側に行くと運気まで下げられてしまう恐れがある。運気を上げるのは、自分の行動次第！

お金持ちの真似をするとマネーが入ってくる

さて、金運体質になるためには、ほかにも重要なことがあります。そのひとつが「お金持ちの真似をすること」です。

真似と言ってもお金を使っていいモノを身につけるということではありません。**お金持ちのマインドや行動をトレースするのです。**

その例をご紹介します。

私は週1回、広島県倫理法人会の「朝活」に参加しているのですが、そこでは成功した多くの経営者の方の話を聞くことができます。

そこで数百億円の売り上げのある社長さんに、「心がけていること」を聞きました。間違いなく「成功者」と呼ばれる方、どんなことをしているのだろうと前のめりで聞いていると、「**必ず人より先に挨拶する**」ことだと言うのです。

「えっ？　それだけのこと？」と一瞬あっけにとられてしまったのですが、よくよく話を聞いてみると、人を見かけたら自分から機嫌よく挨拶をする。これをなんと数十年続けているというのです。

挨拶をする、というささいなことですが、この挨拶こそが、相手への「ギブ」なのです。それをコツコツ続けてきたことで、人やお金を引き寄せてきたのだな、と私は大いに納得しました。

また、挨拶はほかにもプラスに働く面があります。

社長という立場であっても、自分から挨拶をすることで「この人は腰が低い人だな」「気持ちよく挨拶をしてくれる人なんだな」ということがインプットされ、仕事や人が集まってくることになり、結果的にお金が集まってくることになります。

どんな時代においても結局のところ「人」が縁や仕事を運んできてくれます。その人を大事に思っていることを伝えれば、自然とマネーは集まってくるのです。

挨拶をするのは、１日を気持ちよく始める毎日の「約束事」のようなもの。だからこそ、習慣づけていきたいですよね。

自分から挨拶することが習慣づけられれば、仕事上の人間関係だけでなく、家庭やプライベートでの関係がよくなる、といった相乗効果も生み出すかもしれません。

このことを聞いた私は、これまでも自分から挨拶することを心がけていましたが、さらに挨拶習慣を強化しました（笑）。そのほかにも、お金持ちの人は、「レスポンスが早い（決断が速い）」ことも挙げられると思います。

タイムイズマネーという言葉があるように、お金持ちの人は、時間もお金と同じくらい大事にしているんですよね。時間の無駄遣いを意識していけば、自ずと他人の時間を大事にしようとする意識も芽生え、合理性や物事に対する決断力を身につけることができます。

ぜひ、お金持ちの真似をして自分自身も金運体質に変えていきましょう！

POINT

お金持ちには必ず大事にしている習慣や考え方がある。それをトレースしていくことで自分も金運体質に近づくことができる！

「生き金」を使うとお金が成長して戻ってくる

金運を上げる人は、お金の使い方ひとつとっても工夫を凝らしています。**その代表的なひとつが「生き金」を積極的に使うことです。**生き金のいいエネルギーが回りまわってさらに大きなお金を呼び込んできてくれるからです。

ここで言う「生き金」とは、「自分が幸せを感じられることに使う」お金のことです。特にジャンルは問いません。自分が「心ときめく」ものにお金を使うのです。生き金かどうかを見抜くポイントは、次の３つの質問に即答できるかどうかで決まります。

「何で（モノが）ほしいの？」

「それを買うことで自分がどうなるの？」

「自分だけではなく、周りにも幸せを与えられる？」

これらの質問に答えられるのであれば、それは生き金として積極的に使っていきましょう！

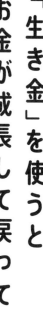

生き金を上手に使い、見事大きな仕事を契約した私のお客様がいます。催事関係の仕事をしている、女性のHさん。コロナショックで催事関係の仕事が軒並みキャンセルになる中、催事企画をとある電器屋さんでのプレゼンまでこぎつけました。

「橘さん、私絶対今度の企画を通したいんです！　企画が通るようなパワーストーンをつくってくれませんか？」と相談があったのです。Hさんにとってここが一番の勝負どころ。まさに生き金を使うタイミングだったのです。

「Hさん、わかりました！　商談がうまく進むようにパワーストーンを組ませていただきますね！」。私はそう言って仕事運が上がるパワーストーン、「ルチルクォーツ」などを中心に組んで渡したのです。


それから数週間後、お店に訪れたHさんは、満面の笑顔で現れました。

「橘さん、聞いてください！　私が企画した催事の企画全部通ったんです！　もう嬉しくて嬉しくて……。このブレスレットに本当に助けられました……！」

本当に嬉しかったのでしょう、Hさんは私に身振り手振りを交えながら伝えてくださいました。しかし、Hさんの「生き金」はここで終わりませんでした。

「橘さん、私が通したこの企画、絶対に成功させたいんです！　そのために必要な石を選んでくださいませんか？」と言うではありませんか。

Hさんの並々ならぬやる気に後押しされるように、私は潜在能力を引き出してくれるパワーストーン、「スーパーセブン」を選び、Hさんの企画の大成功をお祈りしながらパワーストーンのブレスレットを組ませていただきました。

ここは外せない、大一番に賭けたHさん。まさに生き金を上手に使って運をつかんだパターンです。

第1章でもお話ししましたが、私のパートナーはなじみの店に行く際には、必ずと言っていいほどお店の方にも一杯ごちそうして、みんなで飲むことを大事にしています。これもまたひとつの「生き金」の使い方と言えるでしょう。

金額の大小は人それぞれ異なっていて構いません。

大事なのは、生き金が自分をどのように活かしてくれるのか、その先を考えることです。

生き金を上手に使って金運を引き寄せていきましょう！

POINT

生き金は自分に運を引き寄せる「活き金」でもある。
自分にとって本当に必要なお金は惜しみなく使って！

「ツヤ」のある人にお金は集まる

成功者の方にお会いする機会が多いのですが、どなたにも共通しているのが、普通の人とは違う「オーラ」を感じることが多いのです。このオーラは、その人が持つタレント性もありますが、ご自身で「ツヤ」を意識していらっしゃいます。

神様はツヤが大好き。キラリとしたものに寄せ付けられます。成功者の方たちはこのことも知っていて、自らツヤを出すことにも気を付けているのです。さて、大事にしてほしい「ツヤ」ですが、体と身なり、両方のツヤをピッカピカにしていきましょう！


体の中でも特に意識してほしいのが、「顔」と「髪」のツヤです。

女性はお化粧をするので、ツヤ感を出すことをぜひ意識してみてください。男性も、保湿クリームをつけてツヤを出していきましょう！

髪の毛に関しても同様です。昔から日本では「髪には神様が宿る」という言い伝えがあるほど、神聖なものとされてきました。髪の毛のツヤを出すことはすなわち、神様を大切にしている、というサインにもなるわけです。

また、天上の神様から自分を見つけてもらいやすくするためにも、いつもツヤツヤな髪の毛を保ちたいものです。ヘアオイルを塗ったり、お化粧をきちんとしたりと、髪と顔のツヤを整えておきましょう。さらにツヤを出すために、サプリメントをとるのもいいですよね！


一方、身なりの面で大事にしていただきたいのが、**「靴」のツヤです**。よく「おしゃれは足元から」と言われることもありますが、これもまた理にかなっています。

銀行マンは融資の際、相談者がどんな靴を履いているかチェックするとも言われています。

靴のツヤは買っただけでは出てきません。自ら磨いてお手入れしていくことで、年を重ねるごとにツヤと風合いが生まれます。高い靴であれば、なおさらでしょう。

このように、靴は見るだけでその人がどのようなスタンスで仕事をしているかがわかってしまうアイテムなのです。実際、いくら服装が似合っていても、靴がボロボロだったり汚れていたりすると、魅力は半減してしまうもの。それくらい「靴のツヤ」は大事なのです。

ちなみに私のパートナーも特に靴には気を配っている人です。一足一足、まるで「靴を育てていく」ように愛着を持っています。

そのようなスタンスは自分自身の身なり、ひいては生き方にもつながり、パートナーの周りには人のつながりが絶えません。

「何か物事がうまくいかないな」と感じているみなさん。もしかしたら「ツヤ」が足りていないのかもしれません。

ぜひ、今日から体と身なりのツヤを意識してみてはいかがでしょうか？

POINT

ツヤは神様に愛される重要な要素。自らキラリと光る「ツヤ感」を意識してみては？

歯のすき間から金運が逃げていく

前項で「ツヤ」のお話をしましたが、実はもうひとつ大事にしていただきたいのが、「歯」です。

実は歯と金運は密接な関係があります。

歯並びがよく、白い健康的な歯は、人にいい印象を与えるだけでなく、金運も呼び込んでくれるからです。

特に注意していただきたいのが歯のすき間です。

むし歯や歯周病などで抜けてしまった歯、そのままにしていませんか？　抜けた歯によってすき間が生まれると、食べ物だけではなく、会話やお金が歯のすき間からこぼれ落ちてしまいます。

当然ですが歯のすき間があることで、満足に食事が楽しめなくなり、健康面にも不安が生まれてしまうことになるでしょう。

歯が抜けたことでかみ合わせも変わってきてしまい、顎の痛みや肩こり、さらには認知機能の低下が出てきてしまい、さまざまな不調をもたらす可能性も否定できません。

私は常々「歯は財産！」と周りの人たちに言っています。意外と歯のメンテナンスをなおざりにしている人が多いのです。

一方、成功者や芸能人の方は歯の大切さがわかっているので、定期的にメンテナンスされています。

もちろん、芸能人の方は人前に出る職業なので、外見を整えておく必要性に駆られて、という側面もあるでしょう。

しかしながら、私はここで強く言いたいのです。

「歯がすきっ歯になっていたり、抜けていたりしたら、まず歯を治しましょう！」と。

服装やマインドを変えることも大事ですが、それよりも歯を清潔に保つことができれば、金運は上がっていきます。

より歯の大事さがわかってくるのは40歳を過ぎてからですが、20〜30代のうちから歯に対する意識を高めておくことが重要です。

余談ですが、私は鑑定に来た相談者様たちの口元をまず、見ます。特に歯並びは、その方がどんな風に生まれ育ってきたか、自分の健康にどれだけ気を配っているのか、ひとつの指針になるからです。

「歯」という財産にお金をかけて、より大きな金運をつかんでほしいと思っています。

POINT

いい「歯」にはいい金運が巡ってくる。
歯の健康は金運を上げるベースとなってくれます！

自慢話ばかりの人は運を取られる

倫理法人会をはじめ、さまざまな会合に参加していますが、グループになって1時間くらい話していると、必ずと言っていいほど、自慢話をされる方に出会います。

自分が手がけてきた仕事のこと、家族の自慢、果ては病気のことなど、自慢話は実にバリエーション豊かです。

「その話、さっきも聞いたな……」とあくびが出てきてしまうような自慢話にうんざり。みなさんもこのような場面に一度や二度は遭遇したことがあるのではないでしょうか。

このような場面に遭遇したら、なるべく早く退散することをおすすめします。

私も初めは「うんうん」と調子を合わせるのですが、なかなか自慢話が終わりそうにないと、スーッとその場を離れるようにしています。自慢話をする人に寄って行ってしまうと、自分の運を吸い取られてしまうからです。

自慢話というのは、たいてい一方的に話が展開されますよね。会話のキャッチボールを無視して、**ひたすら相手に言葉を投げ続ける、というコミュニケーションは運気の低下を招く原因となります。**

また、自慢話をする方は、相手を自分のペースに巻き込むのが上手なため、口をはさむ隙も与えてくれません。聞き役のみなさんは「クレーム処理係」も同然。しかも、それを仕事ではなく「無償」で行うのですから、疲弊してしまうのは当然のことです。

これがもし、講演会のような場所で自慢話を聞いたのなら、このような疲弊をすることはありません。

自慢話をされたとしても、それが結果的に役に立つ話であればむしろお金を払ってでも聞きに行くのですから。

しかしながら残念なことに、グループの中で繰り広げられる自慢話に、役立つ情報はまずありません。もしそれがお金を稼げる！　といった役に立つ情報に聞こえたのなら、それは詐欺まがいの「うまい話」かもしれません。むしろ注意しましょう！

はっきり言って、自慢話に価値はありません。運気も時間もロスしてしまう話にはさっさと見切りをつけて、自分の運を守りましょう！

しかし、仕事関係上の付き合いがあり、自慢話をどうしても聞かざるを得ないのなら、アメジストのブレスレットを身につけるのがおすすめです。

アメジストは邪気をはらう高い効果があるため、人に影響されやすい方などは、あらかじめアメジストを身につけておくと自分を守ってくれる効果があるからです。

POINT

自慢話をする人には要注意！

自慢話が始まったら速やかに退散を！

運のいい人を見つけたら、友達になろう

私の経営者の友人・知人も、このコロナ禍をなんとか乗り切ろうと模索している人たちが少なくありません。

しかし、このような状況下においても「好調だよ!」「お客さんに変わらず来ていただいてありがたい」といった声を聞くことがあります。逆境下においてもパワーがある方にお会いしたら、私はすかさず挨拶しに行って話を聞くようにしています。

パワーのある人、運のいい人にお会いしたら、そのタイミングを逃すことなく友達になってしまいましょう。

いい運を持っている人の周りには自然と人が集まるため、そこから人脈が広がるチャンスにも恵まれやすくなります。

しかし、運のいい人に近づく際に気を付けてほしいことがあります。それは、「**運気を吸**

い取る人」にならないことです。

運がいい人に引かれる、というのはその人より運気が足りていないことを意味します。運気アップのために神様が寄越した大切なご縁。このご縁は大切にしたいですよね。

そこで私がおすすめしたいのが、「運気のある人に私が与えられるものがないかな？」という思いを持つことです。

みなさんが知っている情報はもちろん、その方に楽しんでいただく愉快なおしゃべりでも、あるいは感謝の心でもいいのです。**大事なのは、「運気泥棒」にならないこと。**

たとえば私の場合、広島の美味しいお店や、おすすめのパワーストーンなどをご紹介するようにしています。「知らなかった！」と言って喜んでいただけることが多いです。自分で体験してみてよかったモノ・コトを共有することで、あなたからもいいエネルギーをお返しすることになります。

運の強い人の周りには、人が自然と吸い寄せられる特徴があります。しかしこれも良し悪しで、「パワースポットだから運を分けてもらおう！」という方もまた引き寄せてしまうのです。

あくまで、運の強い人もひとりの人間。いいときも悪いときもあるのです。ギブアンドテイクの精神で、いい運気を持つ方と友達になりたいですね。
出会いは偶然ではなく、必然です。その出会いを上手に活かすのは、私たちの心がけひとつなのです。

POINT

運気のいい人が現れるのは、神様の采配でもある。運気泥棒にならずにご縁を上手に活かして！

付き合うのは人脈が金脈に変わる人

商売をやっていると、「人脈の広さが売り上げに影響するのだな」と感じることが多々あります。商売をやっている方なら、人脈の大切さが身にしみてわかることでしょう。だからこそ、異業種交流会などに参加して積極的に人脈を広げる方もいらっしゃると思います。

金運を上げるには、「金脈に変わる人と付き合う」ことが大原則です。しかし、ここで言う金脈に変わる人、というのはお金持ちの人に近づくことではありません。

- **自分が持つ志と同じ思いを持っている人。**
- **人に優しく、いい行動をしている人。**

このような人たちと付き合うことが大事なのです。

特に同じ志を持っている人とは会話も弾み、うまくいけば一緒に仕事をする機会に恵まれるなど、思ってもいなかったチャンスが生まれることもあります。

同じ思いを持った仲間のお店や活動はやはり応援したくなりますし、実際に仲間のお店に行って、食事をしたり商品を購入したりすることもあります。それだけではなく、一緒に話をしているといろいろなアイディアが湧いてくることもあります。

この関係はやはり、同じ「志を持った仲間」だからできることなのではないでしょうか。

ビジネス上での交流を目的とした異業種交流会がダメだとは思いませんが、結果的になかなかビジネスに結びつかない、という話をよく聞きます。

それはやはり人とのつながりを「お金やビジネスだけのつながり」でしか見ていないからだと個人的には感じています。

金脈につながる本当の人脈とは、人と人との深いつながりから生まれてくるのではないでしょうか。

POINT

金運につながる人脈は、同じ志を持った人からつながりやすい。人とのつながりを大事にすることで、金脈に変わっていく。

感謝の心がない人とは付き合わない

最近、ちょっと残念なことがありました。

コロナ禍の折、私はKさんから「仕事を探しているけれど、なかなか決まらない」という相談を受けていました。誰もが大変な時期。ぜひお役に立ちたいと思い、知り合いの方にアポイントを取り、その中でとある企業の代表へその方をご紹介したところ、見事マッチング。私もよかったわ、と嬉しくなったのです。

ところがその後、紹介された方は私の紹介だ、ということをスルーして、「自分の運がいいから、こんな企業に勤められた」とか「企業に選んでもらった私は、本当にツイてる！」と、ご自身の運のよさを猛烈にアピール。

たしかに、ご自身の実力と企業の採用基準とが合致した結果、ポジションをつかみとったのでしょう。しかし、まるで私がはなから存在していなかったような態度に、モヤモヤしてしまったのです。

みなさんもこのような経験、ございませんか？

感謝の気持ちを求めてしまう私も、我ながら心が狭いなと思いますが、それと同時に「人にしてもらったことに対して感謝をしない」人とは付き合うべきではない、ということを改めて学んだ出来事でした。

その後、私がこの方と距離を取るようになったのは言うまでもありません。


社会生活を営んでいくうえで、人はひとりでは生きていけません。

いろいろな職業があって、社会生活は成り立っています。

さらに言えば、こうした社会生活が営めるのも自然界のおかげです。地球があって、太陽があって、空気があり水があるからこそ、私たちは生きているのではなく「生かされて」いるのです。

この世のすべてが大自然から与えられたものだと考えれば、感謝は尽きることがありません。

話が大きくなってしまいましたが、**大切なのは、「当たり前と思っていたことが当たり前でないこと」に気づけるかどうか。そして、自分がしてもらった行動に対して感謝できる**

かどうか、ではないでしょうか。

「ありがとう」という感謝の心を伝えることで、相手を和ませると同時に、いいパワーを相手に与えることにもなります。

ぜひいいパワーの交換をし合いながら、人生をより豊かなものに高めたいですね。

POINT

感謝の心を持たない人と付き合うと疲弊してしまう。
自己防衛のためにも、感謝のできない人からは離れましょう！

手相に線を加えるだけで金運は変えられる

みなさんは手相占いをしたことがありますか？

過去・現在・未来が手のひらに現れる手相占い。面白いですよね。私は風水鑑定と共に手相も見るのですが、「金運を上げたい」と望む相談者様には、「なりたい手相に向かって、自分で線を書き込んでください！」と伝えています。

金運を上げたい場合、後天的な運命をつかさどると言われている「右手」に「太陽線」を書き入れましょう。

ペンは黒でもよいですが、金色のペンを使うとより効果が増します。

太陽線は、薬指のつけ根から感情線に向かって下に伸びる線のこと。

太陽線があると、名声を得たり、事業が成功したりする、大変重要な線です。

また太陽線の面白いところは、仮に月収１００万円を稼いでいる人であっても、その稼ぎ方が自分で納得したものでないと、出てこないと言われています。本人の希望と稼ぎが合致して初めて、太陽線が現れるのです。

この太陽線をしっかり書き込むことで、「必ず私に金運はやってくる」というインプットを行います。

太く短く太陽線を書いてもいいですし、あるいは運命線のほうまで長く書くというのもいいでしょう。

習慣にしていくことが大事なので、毎日書くことをぜひ心がけていただきたいと思います。

実は、太陽線を書き続けたことで、結婚も、幸せもつかんだのが、私のお店のスタッフ「スーちゃん」です。

2年前、ようやく離婚が成立したスーちゃん。当時、彼女の手相を見せてもらうと財運線がなく、疲れが見える状態でした。

そこで私は「スーちゃん、太陽線をボールペンで書くといいわよ」とアドバイス。彼女はそれから毎日のように、太陽線を書くようになったのです。

そのアドバイス後、笑顔がステキなスーちゃんは、友人から新規オープンする店を手伝ってほしいと頼まれました。心機一転、広島を離れ、神奈川で暮らし始めると、転機が訪れます。

手相に線を書き始めて2年目。なんと、広島出身の素敵な男性と出会い、結婚したというのです。嬉しい報告は私の耳にもすぐ飛び込んできました。

その後スーちゃんご夫婦は、神奈川から広島に戻って来たのです。久々に再会したスーちゃんの手相を改めて見させてもらうと、２年前にはなかった太陽線が出てきているではありませんか！

「スーちゃん、すごい！　財運線と太陽線が出てる！」と、彼女と共に幸せを喜び合いました。

しかもよくよく話を聞いてみると、スーちゃんのご主人は、広島にマンションを購入しており、安心して広島に戻って来られるよう準備してくれていたのです。

「離婚をしたとき、私の人生このままでは嫌だな、と思ったんです。だからまずは自分から変わろうと思って、先生にアドバイスしてもらった手相の線を入れることから始めました。今、こうやって笑ってスタッフとして働けているのも、先生がアドバイスしてくださったおかげなんです」

そんなスーちゃんは、現在私のお店のスタッフとして、元気に働いています。幸せオーラがにじみ出ている彼女は、お客さんにも自分の体験をもとに手相の線を書き入れることをすすめています。

自分のアクションで幸せをつかみとった彼女。2年前のつらい出来事から見事立ち直って、いまは本当に輝いています。

ぜひみなさんも、理想の人生を手に入れるためにコツコツと、手相の線を書き入れることから始めていただきたいと思います！

POINT

自分の運勢は手相に線を書き入れることで変えられる。
毎日線を書き入れて、「理想の人生にするんだ」という思いをインプットしよう。

第4章

あなたのオフィスに「金運結界」を張りましょう

コロナショックは生活に、また私たちの意識に大きな変化を与えました。

これまで毎日オフィスに出社することが当たり前でしたが、週に1回の出社で残りの週4日は在宅勤務という働き方に変化した方も多くいらっしゃると思います。

「自宅で急に仕事をすることになったけれど、仕事をするスペースがない……」という一方、「在宅勤務が意外と快適！」など、賛否さまざまな声を聞きますが、**私は在宅勤務になった今だからこそ、自宅に「金運結界」を張ることが重要だと考えています。**

「金運結界」とは、端的に言えば「金運を上げる、運気の高い状態をつくり出す空間」のことです。特に仕事運と金運は密接な関わりがあるため、仕事部屋、もしくは仕事をメインでするスペースに金運結界を張ることをおすすめします。

本章では、金運を上げるための空間づくりをはじめ、仕事運を向上させる秘訣もお話ししていきます。

金運も仕事運も飛躍的に上げるにはほんの少しのアクションでOK！　早速見ていきましょう！

「金運結界」を張ると大きな仕事が舞い込む

「金運結界」というのは私がつくった造語ですが、自分の周りに金運がよくなる空間をつくることを指します。

そして、この「金運結界」が張られることで、継続的に金運がアップするようになります。その成功例をまずはご紹介します。

私は職業柄、多くの社長さんと会うのですが、風水鑑定をするために先方のオフィスに伺うこともあります。

あるクライアントのA社長は長年、業績が伸び悩んでいました。私のことを知り合いから聞いたというA社長。「この状態をなんとか打破したい」と依頼され、A社長のオフィスに伺ったのです。

私はオフィスに入ってすぐに、会社の業績が伸び悩んでいる理由がわかりました。社長と従業員の机の上には書類が山積みになっていたのです。

これくらいは多くの会社で見かける光景ですが、私が注目したのは、机に載せられなくなった書類が床に直置きになっていたことです。それがあちらこちらに山のように無造作に積み重ねられていました。

「これはいけないな……」と私は瞬間的に思いました。大切な書類を床に置いてしまうと、仕事運が大幅にダウンしてしまうからです。

何気なく私たちが通っている道は、実は「気」の通り道でもあります。そのため、床に荷物やモノを置いてしまうと、スムーズに気が流れなくなってしまいます。

特に書類は、お客様や取引先とのやり取りをするツールですから、書類をぞんざいに扱ったり、床に置いたりするとコミュニケーションに問題が発生する可能性が高いのです。それだけではなく、万が一、書類をなくしてしまったら、大きな仕事が白紙に戻ることもありますよね。

開口一番、私はこう言いました。

「社長、もしかして取引先と大きなトラブルがありませんか？」

すると、A社長は驚いた顔をして叫んだのです。

「なんで、わかるんですか！」

やはりそうなんだ……と私は思いながら、まずA社長に「いらない書類を捨てて、必要な書類は新しい棚に収納してください」とアドバイスしました。

気の通り道をつくった状態で、応接間に「金運結界」を張ることにしたのです。

最初に応接間の金運をアップすることにしたのは、応接間はお客様が長くいる場所だから。オフィスを構えている場合、特に応接室には気を配ったほうがいいでしょう。

仕事もお金も、もとを正せばお客様が運んでくるもの。

そのお客様に心地よく過ごしていただくこと、運を整えておくことが、仕事の結果を大きく左右するのです。

A社長は、私のアドバイス通りに、ソファーの配置、龍の置物、配色などを変え、最後に美しい水晶の置物を配置してくださいました。

最初は少し前かがみで自信のなさそうだったA社長も、オフィスを整えていくうちにだんだんと胸を張り、「これで大丈夫だ」と言わんばかりの活き活きとした顔つきに変わっていきました。

それから3ヵ月後のことです。朝一番にA社長からやや興奮気味に、「先生、大きな仕事の受注が入ったんです！　本当にありがとうございました！」と連絡があり、私も一緒に喜んだのを覚えています。

A社長は、今も定期的に鑑定を受けに来てくださっています。運気の細かな軌道修正などを行い、風水にもずいぶん詳しくなりました(笑)。

先日、A社長とお会いした際に、今年の会社の売り上げが、昨年の最大値を超えたとの報告がありました。自分で運気をキャッチできる、そんなスキルもまた彼は身につけたのです。

このように、オフィスの環境を整えて、「金運結界」を張ることで、金運はアップできます。「最近、運が悪いかも……」と感じている方、騙されたと思ってまずは自分の机の上から、オフィスの環境を整えてみてください。

POINT

金運結界を張る前には、気の通り道を開ける「掃除」から。金運結界を張って、仕事運も金運もアップ!

仕事で成功する人がやっている お金の使い方

私のお店には経営者の方だけでなく、公務員の方や医療従事者、フリーランス、学生さんなどさまざまな方が訪れるのですが、仕事で成功している人にはお金の使い方で共通点が2つあると考えています。

ひとつ目は、**投資型のマインドを持っていること。**

投資型というのは、価値があると判断したものには、迷わずお金を出す姿勢のことです。商品やサービス、また「人」に対しても、「この人にはお金を支払っても一緒に仕事をしたい」と思った人にはお金を出すんですね。

業務の対価に支払う以外のプラスアルファのお金を出すこと、食事を振る舞ったり、お茶をおごったりといったことにも気を配っています。

自分のほうが相手にお金を支払うことで、「相手に気持ちよく仕事をしてもらう」ことを徹底しているのです。

このように書くと、「下心があっていやらしい……」とか、「お金目当てで寄ってくる相手もいるのでは？」という質問が生まれるかもしれません。

しかし、**こういった成功者の方は成功の陰でその何倍も失敗しています。**

また、人に対しても、幅広く投資を行っているので、「投資した中から本当に付き合える人は1割くらいかな」という折り込み済みで行動しているのです。

このマインドを私たちにそのまま当てはめようとすると、お金がいくらあっても足りません（笑）。

そこで、おすすめしたいのが「この人にならたとえ裏切られても、後悔はしないわ」という人にのみ投資することです。

もしも「こちらが支払ったのに、思うような動きをしてくれない」と思うようでしたら、やめておきましょう。

投資でうまくいくコツは「相手に期待をかけすぎないこと」です。

もうひとつは、「**倹約家**」であることです。

「えっ？　さっきと言っていることが逆じゃない？」と思われるかもしれませんが、**本当に成功している経営者の方は、お金の出入りを細かくチェックして、無駄なお金は使わない、いわば「倹約家」であることが多いのです。**

倹約家と言うとお金にうるさくて、ケチなイメージがありますが、それは言い換えれば「お金を大事にしている」ということにもなります。

「大事なお金を使うからには、無駄に使いたくない」

「お金を使う事柄すべてに納得性を持たせて、生き金にしたい」

このようにお金の使い方を徹底すると、お金自体が「価値のある動きをしよう」と頑張ってくれるのです。

「本当はほしくないけど、まあこれでいいや」と言って、お金を使った経験はありませんか？　無駄遣いを続けてしまうと、「お金を大事に使わないマインド」がお金にも伝わってしまいます。本当にほしいもの、自分にとって必要なものを吟味する癖をつけていきましょう！

POINT

モノや人に「投資する」ことは、金運を呼び込むことにもつながる。無駄遣いせず、本当に必要なお金を使う目を養おう！

風水で自然とお金が入ってくる仕事のやり方

私のお店は「入るだけで運気が上がる店」という看板を掲げており、興味を持たれた方が勇気を持って（笑）、入ってくるお店でもあります。

私はこの商売がとても好きで、日々お客様とお話しするのを何よりも楽しみにしているのですが、「風水を上手に利用して、仕事が入ってくる方法を教えてください！」という質問をよくいただきます。

風水はもともと家の運気を整えるために使用するものですが、日常生活や仕事にその考え方を応用することで、仕事を呼び込むこともできます。ここでは、手軽にできる仕事運アップの方法を3つお伝えします。

すでにお伝えしていることですが、まずは「**オフィス空間を整えること**」です。

机や身の回りの整理整頓はもちろんですが、ぜひ心がけていただきたいのが「**オフィスをパワースポットにすること**」。**もっと具体的に言うと、オフィスを自分が行きたいと思え**

る空間にしてしまうのです。

・椅子の座り心地や机の高さを快適なものに調整する。
・目に入るところに自分が好きなイラストや写真を飾る。
・アロマの香りをたく。

このように、環境が許す範囲でやってみましょう。
仕事に費やす時間は、日常生活の約３分の１を占めます。仕事環境に身を置く時間は長いのです。仕事環境をよくすることは当然、仕事運アップにつながっていきます。

２つ目は、仕事運とも関わりの深い「**お財布にこだわる**」こと。
私がおすすめするお財布の条件は、次の３点です。

・長財布を使うこと。
・五行説の中でお金と結びつきが深い「白」「金」のカラーを選ぶこと。
・金運を呼ぶという「ヘビ」の財布を選ぶこと。

これら3つを満たしたお財布を選んでみましょう。ちなみに私もこの3つの条件を満たしたお財布を使っています。

お財布にこだわることで、「自分はお金を大切にしている」という意識も身につくのですよね。

「お財布なんて、ただお金を入れるものなんだから、実用的なもの重視で選びたいよ」という方もいらっしゃると思いますが、お金にとってお財布はいわば「家」のような存在にあたります。その「家」にこだわることで、お金の流れはよくなっていくのです。

最後のポイントは、こちらも繰り返しになりますが、**「目には見えない『気』の流れをよくする」**ことです。

私はお店をやっていますので、日々、神棚を飾る、お水を取り換える、空気の流れをよくする、などのことをしています。特に次のようなことに注意しています。それは「気の流れを止めないこと」です。

- **オフィスの出入り口にモノを置かない。**
- **定期的に窓を開けて新鮮な空気を取り入れる。**
- **廊下や階段など人が通るところにモノを置かない。**

それだけではなく、お金の流れである、支払い関係にも気を配りましょう。

・商品代金や税金など、支払うべきモノは期日を厳守する。
・請求書や領収書などの納期を厳守する。
・お客様との約束を守る。

このように、あらゆることの「流れを止めない」ように意識を向けることが大事です。

これらのことはビジネス上では当たり前のことかもしれません。しかし、その当たり前のことがなおざりになっていることが多いのです。

ぜひこの３つを意識してよりよい仕事の「道」をつくってみてください！

POINT

仕事運上昇のためには、運の通り道を塞がないこと。
気の流れをよくして、仕事が来やすい環境をつくっていきましょう！

ビジネスにも陰陽五行の法則を取り入れる

風水の基本の考え方でもある「陰陽五行」。自然界に存在するものを、木・火・土・金・水に分類し、それぞれは影響し合う関係にあることを表しています。

風水では、生年月日から五行タイプを割り出し、性格や体質、また持つといいパワーストーンなどをアドバイスさせていただくのですが、この陰陽五行の法則、実はビジネスにも応用できると考えています。

そもそも風水は、「私たちがよりよく暮らして生きていくために、自然の恵みを有効に活用する」という考え方です。

東から太陽が昇り、西に沈む。この現象は私たちが変えようと思ってもできません。それは季節であっても同じこと。**この自然法則を無視することなく、「流れに逆らわずに生きる」ことがとても重要なのです。**

では、ビジネスにおいてこの五行説をどのようにとらえたらいいのでしょうか？

風水では、木を春、火を夏、金を秋、水を冬と考え、それぞれの季節ですべきこと、また会社経営において意識することを考えていきます。

もし、あなたが会社経営をしているとしたら、たとえば春は種まきの季節です。春は会社設立1~5年目のフレッシュな時期で、いわゆる創業期と言われる時期。この期間は会社の組織づくり、人員募集など「種まきをするための季節」にあたります。

春は1年の、「始まる季節」でもあります。1年の計画を立てたり、来るべき秋の収穫時期に向けて、事業の方向性を定めるといったことにも当てはめることができます。

では、冬の時期はどうでしょうか？

冬は会社を創業して20年目以降の時期ととらえることができます。認知度も高まり、会社のビジョンや存在意義などがはっきりと示されたいわば「成熟期」と言うことができるでしょう。また、来るべき「春」の季節に向けて、新規事業や多角化の準備などを進める大事な時期でもあります。

冬は1年の総まとめとも言うべき、「決算期」にもあたります。これまでの事業成果を振り返ったり、課題を発見して解決していく、そんな時期でもあります。

このように、五行を季節に当てはめてみると、ビジネスでするべきことが見えてきます。

さて、勘のいい方は「あれ？　土が抜けてない？」とお気づきになっていることでしょう。風水において「土」は、季節の変わり目の時期。春から夏、夏から秋といった季節が変わる「土」は、特にエネルギーを使うときでもあります。

創業期から成長期に変わる際は、会社としても事業転換や人の大きな配置換えなど、大きなエネルギーを使う時期です。この時期は、不要なモノを捨て、次の動き出しに備えて余裕を持っておく時期でもあります。

風水の五行説をビジネスに取り入れてみると、やるべきことが見えてきます。これは、会社の経営者に限らず、サラリーマン、さらにフリーランスや自営業の方にも当てはめることができます。

繰り返しになりますが、**大事なのは「自然の法則に逆らわないこと」**。もしそれでもうまくいかなくなってしまったら、一度立ち止まってみることも大切です！

POINT

風水をビジネスに取り入れるということは、自然の法則を尊重していること。五行を季節ととらえ、上手に活かしていきましょう！

オフィスの入口には風水龍を置こう

さて、「気の通り道」ができたところで、さらにその運の入りをよくするグッズを活用していただきたいと思います。

仕事運を上げるための「風水グッズ」は、私もお店にいくつか置いていますが、その効果を実感している毎日です。

風水グッズを置くにあたっては、次の2点に注意してください。

・グッズを置く場所の掃除。
・定期的な浄化と掃除。

なんだか掃除のことばかり言っていますが（笑）、**グッズの効果を最大限発揮するには、グッズ＋メンテナンスはセットで考えてください。**

仕事運向上のためには、「オフィスの入口に龍を置く」のがおすすめです。龍は風水の世界では幸運を授けてくれる象徴でもあります。

邪気をはらい、いい運気を呼び込む役割をしてくれる龍は、入口から悪い気が入ってこないように守ってくれるので、玄関に置くのが一番適しているのです。

自宅がオフィスの場合には、玄関に小さな龍を飾りましょう。

ビルの中にあるオフィスであれば、玄関には「水晶」の龍がおすすめです。

人の出入りが激しいオフィスでは、邪気をはらうため、龍と共に水晶のクラスターを一緒に置くと効果が増しますよ。

さて、龍を飾る際に、気を付けていただきたいのが、床に直置きしないことです。必ず棚か台の上に飾るようにしてください。

飾った後はほこりがたまらないように、できれば毎日拭き掃除をするようにしましょう。「おはよう〜！」と声をかけてあげると龍も嬉しいはずです。

割れたり、汚れがひどくなってきたりといった劣化が見られた場合には、感謝の気持ちと共に白い紙に包み、捨てるようにしてください。

龍は陶器製や、真鍮製などさまざまなモノが販売されています。迷ってしまったら、自分の直感を信じて、「ピン！」ときたものを選ぶようにしてみてくださいね。

ちなみに、会社員の方で個人的にできることもお伝えしておきます。

自分のデスク周りを綺麗にしたり、デスクの上に小さな龍を置いてみてください。龍を置くのが難しければ、絵ハガキをデスクに飾ったり、龍の絵を待ち受け画像にしたりして、いつも目に入るようにしておくのがおすすめです。

POINT

オフィスの入口には、仕事運を呼び込む「龍」を！
邪気をはらい、よりよい運気を呼び込むことができるはず。

取引先の運も仕事に影響する

私の事業は、風水グッズの販売と風水鑑定の二本柱から成り立っています。

小売業でもありますので当然、複数の仕入れ業者さんと取引をしています。長くお付き合いしている業者さんがほとんどなのですが、中には残念ながらお付き合いをやめてしまった業者さんもいます。

「お客様に出したい良質な綺麗なものだけを扱いたい」というこだわりがあるため、高品質な商品を提供してくださるのはもちろん、誠実さや相性など総合的に見て取引を判断させていただいています。

お付き合いでもうひとつ気にしていることがあります。それは、**「運がよさそうな人とお付き合いする」ということです。取引先が持つ「運」が仕事にとても影響するからです。**

そのため、業者さんがお店にいらしたときは、近況や、今考えていることなどを詳しくお聞きするようにしています。

その中で、次に挙げるような話を繰り返ししてくる（または噂が流れてくる）、取引先には注意しています。

・トラブルが絶えず、いつも問題を抱えている。
・待ち合わせの時間や納期が遅れがち。
・品質と値段が見合わない製品を提供している。

何か問題を抱えているからと言って、すぐにお付き合いをやめるようなことはしていませんが、いずれにしても自分の中に「取引先チェック項目」をつくっています。

ビジネスを円滑に進めていくうえで取引先を選んでいくのは、自分の運を切り拓いていくのに大切なことだからです。


「これまでお世話になってきたし、多少のトラブルには目をつぶろう」

「よそで問題行動が多いみたいだけど、気にしないようにしよう……」

という風に考える方もいると思いますが、これは相手をよく見ようとしている行為です。

もちろん、ある意味では大切なことだと思います。しかし、業者さんと気持ちのいいお付き合いができなければ、自分の事業を長く続けていくことはできません。**ときには厳し**

い目で取引先をチェックすることも必要なのです。

さらに言えば取引先は、事業を共に成長させていく「ビジネスパートナー」でもあります。いいことがあれば共に喜び、苦しいときは共に乗り越える。その信頼関係こそが、重要なのです。

信頼関係が結べない相手に、自分の大切な事業の一部を任せていいのでしょうか。

いい取引先を選んでいくときには、自分の「見る目」を養う必要があります。自分が付き合いたい相手を選ぶのは、同時に「運気」も込みで選んでいる、と考えてください。

私はそうやってお店を17年、続けてきました。人といい縁を結ぶためには、その一方で悪い縁は切っていく。それもまた重要なことなのです。

POINT

取引先は、自分の事業を支えてくれる「ビジネスパートナー」。気持ちのいいお付き合いができる人を「選ぶ」ことは、開運行動でもある。

業績の悪化を防げる「化殺風水」とは？

「玄関や仕事部屋に風水グッズを置いているのに、イマイチ効果が感じられないんです……」と言って相談に来たＯさん。自宅で仕事をするフリーランスだと言います。

「掃除も、整理整頓もしているから、環境は整っているのに……なぜだろう？」と首をかしげていました。

私はＯさんの間取り図を見る前に、気になっていることがあったので聞いてみました。

「家の周りの環境はどうですか？　ご自宅が突き当たりにあったり、電柱が近くにあったりしませんか？」

「そうですね……うーん、そう言えば私の家と隣の家の玄関が向かい合っています。関係ありますか？」

「関係大ありです！」と思わず叫んでしまいました。

風水の中でも「化殺《かさつ》風水」とは、凶方位や凶相のエネルギーを弱めて、運気を調整することを指します。

Oさんの例は、凶相の中でも有名な「對沖煞《たいちゅうさつ》」と呼ばれるものでした。玄関が向かい合っている家は、お互いのいい運気を相殺し合うだけでなく、悪い気の出入りも自由にしてしまうのです。

そこで、「玄関に凸面八卦鏡を置くか、もしくは水晶クラスターを置くようにして、まずは悪い気が入り込むのをシャットアウトしましょう」とアドバイスしました。Oさんは早速それらのグッズを置いたそうです。

住宅内をいい運気で満たしているのに、なぜか運気が上がらず、嫌なことばかり起こる場合には、左の項目をもとに家の周りの環境を改めてチェックしてみたほうがいいかもしれません。

・自宅から墓地が見える。
・大きな病院が見える。
・電柱が家の前に立っている。
・T字路の突き当たりに家がある。
・家の前にゴミ捨て場や階段がある。

・近隣住宅の家の角が玄関や部屋に向かってきている（隔角煞《かくかくさつ》）。

これらに心当たりがある場合、化殺風水を行う必要があります。

「窓からクレーンや大きな鉄塔が見えてなんとなく嫌だな」
「窓から大きな看板が始終目に入ってきて落ち着かない」
「家の近くに事故の絶えない交差点がある」

といった、**「なんとなく嫌だな」と思う場合も化殺を行ったほうがいいでしょう。**

その場合、まずは玄関に水晶クラスターを置くことをおすすめします。

POINT

化殺風水とは、悪いエネルギーを弱める風水のこと。特に玄関周りの環境や、窓から見える景色に注意して。

仕事運がよくなると金運が上がる

これまで、仕事運向上についていくつかお伝えしてきましたが、一般的に考えてみても仕事量が増えれば、自ずと収入も増えますよね。そういう意味でも仕事量を増やすこと、つまり仕事運を上げるための努力は常にしていく必要があります。

そして、仕事運を上げるために取り入れていただきたいのが「仕事デスクの右隅に龍の置物を置く」ことです。

龍が目に入ることで集中力を増したり、やる気にさせてくれたりといった効果をもたらします。

パワーストーンのブレスレットは身につけるお守りですが、**この龍の置物は、いわば「仕事部屋を守ってくれるお守り」ととらえてもいいかもしれません。**私の風水鑑定部屋にもいくつかの龍がいらっしゃいます。

仕事運が向上すると、自然と人との付き合い方も変わります。

まさに、私がそうでした。事業が軌道に乗ると、新しい方との出会いが多くなり、勉強会やパーティーなどこれまで参加したことのなかった未知の世界に足を踏み入れることになります。

またそこで、新たな人脈が生まれ、仕事の拡大につながっていくのです。これは波動が高まり、自分に今必要な人を呼び寄せている現象です。

大切なのは、「新たな展開」に関して、臆病にならずどんどん前に出ていくことです。神様がつくってくれたステージを活かして、今度は「新しい自分」をつくっていくのです。

私がお会いしてきた経営者の方々は、「**チャンスを逃さず、キャッチする**」。

そして、「**与えられた新しい環境で一生懸命頑張る**」。

この2つを何回も繰り返すことで徐々に階段を上り、成功者へとステップアップしていったのです。

みなさんも金運を上げたいのなら、まず、仕事運向上のために職場環境を整えてみましょう。そして、自分から高みへと上っていく。これしかないのです。

POINT

金運を上げる一番の近道は仕事運を上げることから。
風水パワーと自分の環境を整えて、一歩ずつ成功者に近づいていきましょう！

風水カエルは社長の後ろに置くと金運を呼ぶ

突然ですが、みなさんは「カエル」は好きですか？　私はカエルの置物を見るとつい、目がいってしまいます（笑）。

神社のお守りなどでは「無事帰る」「お金が返る」といった縁起物のモチーフとしても使われていますよね。


このカエルですが、風水でも縁起物として扱われています。

カエルには「財運を飛躍的に高めて、商売繁盛を実現する力がある」とされてきました。

この風水カエル、実際のカエルとは形状が少し変わっています。普通のカエルは4本足であるのに対し、この風水カエルは足が3本しかありません。しかしその分、前後左右の財運をかき集めてくれる、三脚蟾蜍《さんきゃくせんじょ》と言われています。なんとも心強いですよね。

お店を運営されている方はよくレジ周りや玄関の入口付近に置いているようですが、**私は社長が座る椅子の後ろに置くのがいいと思っています。**

このとき注意していただきたいのがカエルの「向き」です。カエルの顔を外側に向けて飾ってしまうと、運んできてくれた金運を外に逃がしてしまうことになりますので、必ず顔は「入口向き」に飾ってください。

そして、毎日拭き掃除をしながら声をかけてあげると、カエルは喜んであなたのもとに金運を運んできてくれるでしょう。

あなたの金運を飛躍的にアップしてくれる風水カエル。ぜひ１匹飾ってみてくださいね。

POINT

商売繁盛を約束してくれる風水カエル。
３本足で強力に金運をかきこんでくれる、頼もしい相棒です！

金運のある人はゆとりで話を聞いてくれる

私のお店に1ヵ月に1回、定期的に顔を出してくれる経営者の方がいます。「元気にしてる?」と言っていろいろな話をされていくのですが、私の話にもうんうん、とゆっくり耳を傾けてくださる方なのです。

経営者の方も実にいろいろなタイプの方がいますが、**私が「金運を持っているな」と思う経営者の方は、「金運オーラ」をまとっているのが自分で感覚的にわかっています。このオーラの正体が「ゆとり」なのです。**

ゆとり、というのはいったいどこから生まれてくるのでしょう? 私は、二つの条件があると思っています。

ひとつ目は、**自分が精神的にも経済的にも満たされている**ことです。

ここで言う経済的な豊かさとは「自分や家族が食べていけるだけの収入があること」を指します。

二つ目は、「**他人や社会に貢献したい**」**という気持ちを持っている**ことです。

自分のことだけでなく、「よりよい社会にしていくために、自分は何ができるか？」と常に考えている方は、やはり金運も味方につけられているな、と感じます。

大手企業は、ＣＳＲ（企業の社会的責任）という観点から、社会貢献活動を行っています。これは端的に言えば「稼がせていただいた社会に向けて利益を還元する」という意味合いが込められています。

会社が、あるいは自分自身が「一定程度稼がせていただいた」という到達点に立ったとき、今度はそのチャンスを与えてくださった社会全体に向かって恩返しをしていくことが、さらなる成長を生むのです。

話を戻すと、「ゆとり」というのはもしかしたら、「人のお役に立つために使う時間」なのかもしれません。

ゆとりがあるからこそ、「何か困ったことがないか、話を聞いてみよう」とか、「社会問題について詳しく調べてみよう」といった次のアクションにつながるのです。

私が思う「ゆとり」というのは、自然に生まれる心の余裕だけを指すのではありません。**「本当のゆとり」というのは、「人のお役に立ちたい」という意識があって初めて生まれてくるのだと思います。**

これまで仕事運や金運アップに関してお伝えしてきましたが、最後にとっておきの開運アクションをご紹介します。

それは、「**いい運を独り占めしない**」ということです。

ゆとりの条件を満たし、「仕事運や金運上昇の効果があった！」と感じられたのなら、次はその「いい運」を周りの人におすそわけしていってほしいのです。

いい運、というのは人に自ら与えていくことで、より大きな運となって返ってくるもの。これはお金と一緒です。もちろんそれは自分に余裕があるときで構いません。

みなさんが普段お付き合いしている人、お世話になっている人を思い浮かべてみてください。そして、「最近調子はどう？」と声をかけるアクションをしてみましょう。

そこからまた、新たな運の展開があるかもしれません。もしその方が困っていたら、自分の開運アクションを伝えることで、何か気づきを得てくれるかもしれません。

「**いい運気は独り占めせずシェアする**」。**このこともまた、気に留めて過ごしていきましょう！**

POINT

ゆとりのある人は、人の話をじっくり聞くことができている。これが開運につながっていく。ぜひ身近な人の話に耳を傾けてみては？

第5章

お金持ちがパワーストーンを身につける理由

お金持ちの方の手元にふと目をやると、パワーストーンのブレスレットをされていることが多いことに驚かされます。ルチルクォーツや、ラリマー、スーパーセブンなど、実に多種多様なパワーストーンをつけていらっしゃいます。

これは私の感覚ですが、お金持ちの方や経営者の方はパワーストーン好きな方が多い。特に男性はファッション感覚、というより石の効果を信じて、身につけているのでしょう。

面白いものでパワーストーンは、そのときの気分や自分の状態によって「石から選ばれる」ということもあると思います。みなさんもそんな体験はありませんか？

この章では、お金持ちの方がパワーストーンを身につける理由をはじめ、パワーストーンの力を上手に取り入れて金運をアップする方法をご紹介したいと思います。

風水で自分に合ったアイテムを選ぶ方法

私も大好きなパワーストーン。50本ほどは持っているでしょうか。不思議なことに、ライフステージに応じて身につけるパワーストーンも異なってきました。

仕事運や金運といった財運に関係するもの、あるいは結婚運や恋愛運アップなどのライフスタイルに関連するものなど、みなさんご自身が叶えたい願いを託しているように、石とのお付き合いは本当に奥深いと思います。

願いごとによって選ぶパワーストーンもいいですが、ぜひご自身の「お守り」となるような、風水鑑定で導き出されたパワーストーンアイテムを持っておくのもおすすめです。

そこで、自分に合ったアイテムの選び方をご紹介します。

・まず、下のQRコードから自分の誕生日を入力し、「五行タイプ」を検索しましょう。**その五行に該当する色が自分のカラー、「勝負カラー」です。**

・次に、**自分のタイプがわかったら、五行説のひとつ前が自分を助けてくれるカラーです（これを風水では相生《そうじょう》と言います）。これが「開運カラー」と呼ばれるものです。**

次ページの図を見てください。仮に自分が「土」タイプだとすると、自分の色は黄色や茶色になります。

「今日はちょっと頑張りたいな」と思うときは自分の五行のカラーを身につけます。ここではそれを「勝負カラー」と呼んでいます。

経営者の方や営業職の方はこの勝負カラーのパワーストーンや、あるいは洋服などを意識するといいでしょう。

それに対し、自分を助けてくれるのは「火」タイプの赤にあたります。

「自分のパワーが足りない、もしくは精神的に弱っていて助けてほしい」というときに、身につけると自分のパワーを正しく戻してくれる、そんなお守りカラーでもあります。ここではサポートしてくれるカラーを「開運カラー」と呼んでいます。

土タイプの人が「自分のやる気をサポートしてほしい」と思ったときには、赤い色、ルビーやガーネットといった赤い石を選ぶといいでしょう。

自分に必要なカラーがわかれば、その色を生活の中でも意識して身につけるようになり

自分を高めてくれる開運カラー

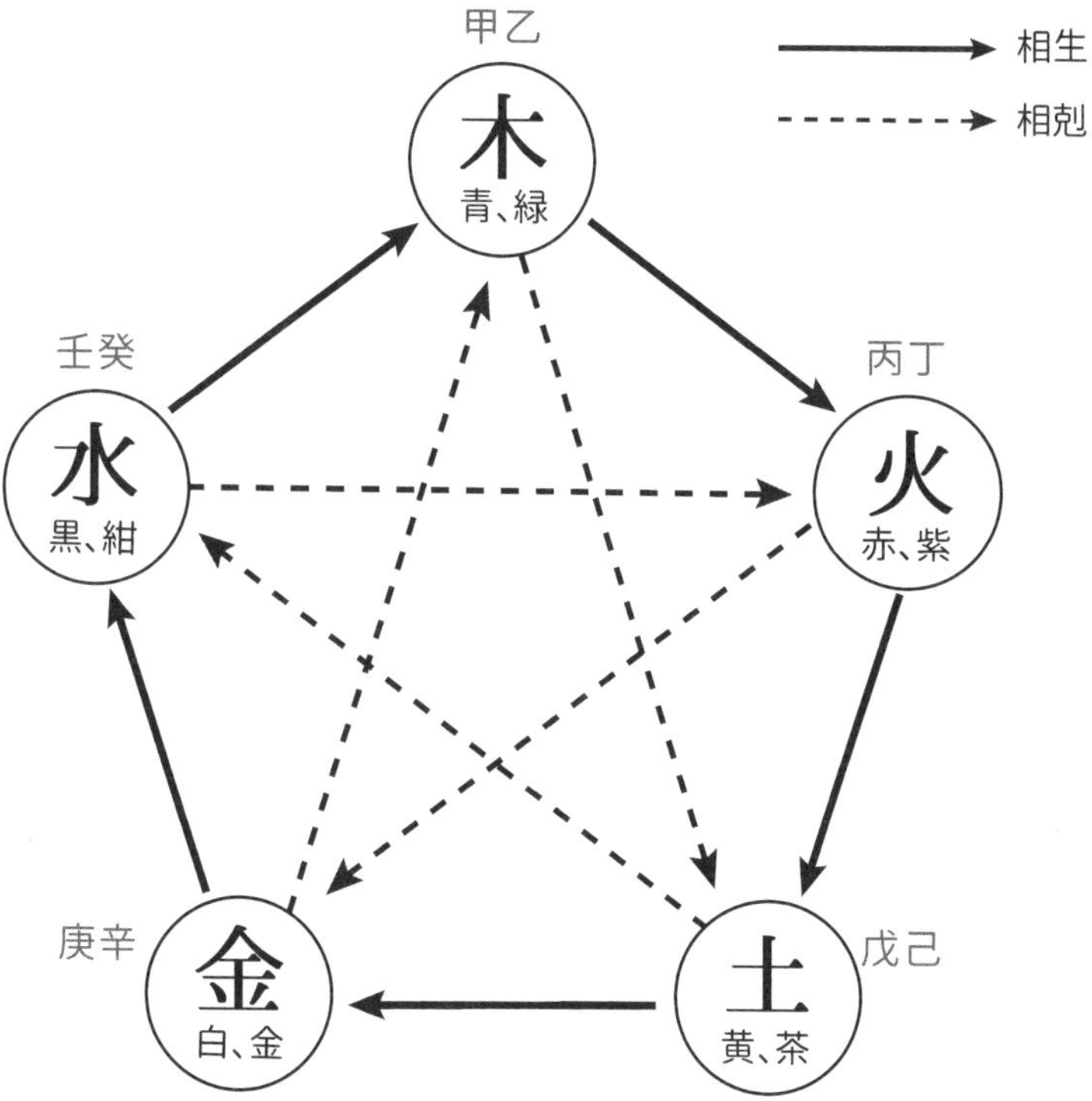

五行説は右回りに読みます。自分を助けてくれるカラーは、ひとつ前のカラーです。

ます。これもまた、ひとつの開運アクションと言っていいでしょう。ファッションを楽しみながら、上手に風水のパワーを取り入れていきたいですね。

パワーストーンのアイテムは、ブレスレットをつける人が多いですが、それにこだわる必要はありません。ただし、ネックレスや、指輪といったできるだけ身につけられるアイテムがいいでしょう。

仕事中などでアクセサリーが身につけられない場合には、ポケットに入れておくなど、行動を共にすると石も喜びます。

自宅で仕事をしている職種の方は、家を守るためのパワーストーンを置くのもおすすめです。天然石のランプを置いたり、水晶クラスターを家の中に置いたりして、家そのものの運気を上げていく考え方もできます。

ぜひ「風水カラー」を味方につけて、運気の流れをスムーズにしてみてください！

POINT

人によって五行カラーは違うもの。自分に適切なカラーを身につけることで運も味方につけられる。

金運の神様にモテる服装とは？

営業マンはたいてい自分の「勝負服」や「勝負色」を持っていますよね。大事なお客様、大事なお取引先の商談など「ここは決めなくては！」というときの自分に気合いを入れる。げんかつぎと同じで、「自分は成功する」という暗示をかける意味でも、私も勝負カラー、また勝負服は大事だと考えています。

そしてその商談が成功した瞬間、「金運の神様がほほ笑んでくれた……！」と感じるに違いありません。

大事な場面で神様にご登場いただくためにも、普段からきちんとした格好でいたいものですね。

ところで、金運の神様に振り向いてもらうには、どんな服装がいいと思いますか？

私はここでもぜひ自分自身の「勝負カラー」を取り入れてほしいと思います。

「木」タイプは緑、「火」タイプは赤、「土」タイプは黄、「金」タイプは白か金、「水」タ

イプは黒がそれぞれのカラーです。

「金」タイプでしたら、金色のものを身につけます。金色のアクセサリー、たとえば18金のチェーンや、金の指輪などがいいでしょう。また、石であればルチルクォーツを入れてもいいですね。

「火」の人であれば、勝負カラーは赤になります。ルビーの指輪やブレスレットがおすすめです。

「この日は絶対大事な日！」というときに、色を味方につけましょう。

ひとつ気をつけていただきたいのが、上下を黒っぽいコーディネートにしないことです。フォーマルで着られることが多いように、黒は喪服の色でもあります。金運の神様が近寄りがたい色でもあるのです。

もちろん、黒い服がお好きで持たれている方も多いと思います。その際は、シャツは白に変えて「モノトーンコーディネート」にするなど、白い色も意識的に入れるようにしましょう。

シャツはもちろん、パンツやジャケットはシワを伸ばし、清潔感も意識しましょう。

神様は清潔感を好み、「汚れ」を嫌います。

人にいい印象を与えるのと同じく、神様にもいい印象を持ってもらいたいですよね。
風水カラーを取り入れつつ、清潔感のある服装を意識してみてくださいね。

POINT

金運の神様は、清潔感のある服装が大好き。
開運カラーを身につけて、神様に見つけてもらって！

「白いもの」を身につけるだけで金運アップ

金運の神様は汚れのない「白」が大好き。神社でも装束や、紙垂《しで》などあらゆるところで白いモノが使われていることに気づくはずです。

また、結婚式で着るウエディングドレスや白無垢にも白は使われています。このように白い色は、縁起がよく、金運につながる色と考えられています。

私は最近、お財布を新調し、「白い長財布」を選びました。

風水で「金」を表すのは、白と金のカラー。もちろん、ゴールドのお財布でもいいのですが、ゴールドは少し派手に見えてしまうかもしれませんね（笑）。そのため私は、ゴールドのネックレスを身につけ、金運アップのお守りにしています。

白にもさまざまな色があり、オフホワイトやアイボリーといったモノを身につけるのでもいいでしょう。アイボリーのズボンは、日常使いでも気軽に取り入れられそうですね。

また、**白には「邪気から身を守ってくれる」という効果や、「悪い運気を浄化する」とい**

う効果もあります。

さらに言うと、私は「朝日」が白い色だと勝手に思っています。物事を浄化し、始まりのパワーを与えてくれる、朝日。朝日を浴びて1日をスタートする、というのは理にかなっているなと感じます。

ぜひみなさんも、「白いもの」を普段から身につけて金運体質へとパワーアップしてほしいと思います。

POINT

白は金運をアップさせる力を持つ色。
普段の生活に取り入れて、金運体質を目指しましょう！

緑色は財運を引き寄せる開運カラー

財運を引き寄せるのに最適な色、みなさんはなんだと思いますか？
「風水カラーで言うと、白か金じゃないの？」と答えたみなさん、しっかり金運風水の考え方が根付いてきていますね！（笑）

実は白と金のほかに、財運を引き寄せると言われているのが「緑色」なのです。

雑誌などにも「緑色のお財布は財を引き寄せる！」と書かれていますが、緑はそもそも気持ちを落ち着かせる色。また、緑は植物や、自然などもイメージさせますよね。**ここから「物事を成長させる色」とも言われています。**

余談ですが、昭和の時代の金庫はみな緑色をしていました。「緑色」が大事なお金を預かる場所、というのはこれらのイメージが起因しているのかもしれません。

さらに緑色は、健康運アップを願うときにも使われます。緑色は精神を安定させ、リラックス効果もありますよね。お金もそれと同じで、居心地をよくしてあげることで「安住の地だ」とばかりに、財運がたまっていくこととなるでしょう。

さらに言えば、緑色のモノを見ていると、不思議と散財が減るようになります。精神的な余裕が出ると、本当に必要なモノにのみ心が動くようになります。

それを裏付けるように、散財の代表例と言えば「セール」ですが、その文字には赤と白、興奮させる赤い色が使われていますよね？　気持ちを高ぶらせ、お金を使うスイッチを入れてしまうのです。

もちろん私も「今日はお買い物を楽しむ！」と決めてセールに出かけて行くときもありますが、家に帰って来てまで、お財布もそのモードだと、なかなか財を成すということは難しいでしょう。

仕事運や勝負運といったときには、やる気を出す色をチョイス。

そして、それで得た財は緑色を用いて安定させる。

生活をしていく中で溜まった汚れや悪い縁は、白い塩や白い紙を使って浄化させていく。

この3つのポイントのうち、**金運はどれかひとつが欠けてもうまく呼び込めるものでは**

ありません。大事なのはバランスです。

人間も、動物もみなそうですよね。1日24時間のうちすべて働き続けることはできませんし、すべて寝て過ごすこともできません。

動と静のバランスを取る意味でも、緑色を積極的に用いて、「お金が安心できる場所」を確保しましょう。

POINT

財を安定させるには「緑色」を用いて、お金も安定してもらうこと。緑色のお財布もおすすめ！

ヘビの財布は金運を上げる

ヘビ、と聞くとみなさんはどういうイメージを持ちますか？

昔から、「ヘビは神様のお使い」とも言われ、日本でも神聖な生き物、と思われていますよね。実際神社へお参りすると、ヘビをモチーフにした金運アップのお守りが売られていることがよくあります。

中でも白ヘビは金運を飛躍的に高めてくれるとして、珍重されていると思います。

実際、経営者の方はその幸運にあやかりたいと、ヘビのお財布を使っている人が多くいらっしゃいます。私のお店でもヘビのお財布を取り扱っていますが、毎月コンスタントに売れていく人気アイテムでもあります。

神様のお使いでもあるヘビ。そのお財布を使うことで、神様とのご縁をつないでくれます。

実際に「思わぬ臨時収入があった」とご報告にいらっしゃる人も。その恵みにあやかった人は、必ず感謝を伝えに来てくれると共に、神社にも足しげく通っては邪気を定期的にはらう、そんな習慣も持ち合わせているようです。

もしかしたら、ヘビのお財布を選ぶ人は、神様や周りの人への感謝があるからこそ、物事がうまくいくのではないでしょうか。

今までヘビのお財布を手に取ってこなかった方、ぜひこの機会に「ヘビ」に意識を向けてみてもよいかもしれません。

POINT

ヘビのお財布は金運を強力に上げてくれるアイテムのひとつ。しかしその効果を感じるには、自分自身も整えておく必要がある。

パワーストーンをつけたら車が飛ぶように売れた

鑑定をしていて、飛躍的に人生が向上した！　という方を何人も見てきているのですが、これから紹介する方は、驚くほどパワーストーンの効果が出た方です。

その方はとある自動車ディーラーの営業マンでした。「風水鑑定をお願いしたい」と言う彼。さらにお話を伺うと「もっと仕事で成果を出したい」という強い希望があったのです。

相談後、私は彼の真剣なまなざしに後押しされるように、仕事運をアップするブレスレットを制作しました。

金カラーのルチルクォーツと緑カラーのヒスイ、それにオリジナルの龍の天珠《てんじゅ》をプラスした、その名も「金運宝龍天珠ブレスレット」です。天珠については、190ページ、ブレスレットについては、192ページでくわしくご紹介します。

ブレスレットを組んだ後に私は、「ビジネスの成果に直結するゴールドのモノも身につけるといいですよ」とアドバイス。彼は「はい、そうしてみます！」と言って帰って行ったのです。

3ヵ月後、彼から久しぶりにお店に電話があり彼のお話を聞いてみると、電話口の向こうで何やらとても嬉しそうな気運を感じるのです。

「玲華先生、ありがとうございました！　パワーストーンの効果すごいです！　自動車がどんどん売れて仕事も順調です！」

彼はひと息に言って私に感謝を叫んだのです。

これには私もびっくりして、「よかったわね、すごいじゃない!!」と返事をするのが精いっぱいでした。

その後、お店に来てくれた彼に詳しく話を聞いてみました。

「パワーストーンを身につけてから、自動車がバンバン売れるようになり、以前の売り上げの3倍までアップした」

「とにかくツイているのを感じていて、先生のおかげしかない」

満面の笑みでそう話すのです。以前風水鑑定を受けに来たときの悲愴な彼の姿は消え、「なりたい自分になったんだ」という充実感で溢れていたのです。私は本当に嬉しく思い、一緒に喜びを分かち合いました。

すべての方が彼のように圧倒的な結果が出るとは限りません。

なぜ、パワーストーンを身につけるだけで、このような効果が出たのでしょうか？

その理由は、パワーストーンが持つ、「目に見えないパワーが引き寄せたもの」と私は理解しています。

そもそもパワーストーンは数億年間、地中深くに存在し、地球のエネルギーを蓄えています。最新の物理学では、すべての物体は、ミクロ以下の目に見えない世界で振動しています。

つまり、それぞれの石には特定の周波数があり、日常的に身につけることで、体にもそのパワーを取り込むことができるのです。

私は、それらの石を世界中の産地から厳選して取り寄せ、お客様の希望や願いに合った最高のタイミングで提供させていただいております。

次ページで、私が選んだ運気別おすすめパワーストーンをご紹介します。

お客様によって置かれた状況も、また叶えたい未来もそれぞれ全く違うもの。それに合う石を選ぶのもまた、私のお役目だと考えています。

たとえば金運アップには、定番ですがルチルクォーツが効果的と言われています。金運が上がるパワーストーンを身につけていると、以前よりも仕事に意識が集中するようにな

運気別！ おすすめパワーストーン

仕事運
・スーパーセブン　・翡翠
・ルチルクォーツ
・ガーデンクォーツ

金運
・ルチルクォーツ
・シトリン　・ルビー
・スーパーセブン

健康運
・テラヘルツ　・トルマリン
・ガーネット　・北投石

恋愛運
・インカローズ
・ローズクォーツ　・ラリマー
・ピンクトルマリン

みなさんが向上させたい運気はなんですか？
パワーストーンを選ぶ際に参考にしてください。

ります。

すると、自然と「お金の引き寄せ」現象が起き、人も自然と引き寄せられる……そんな現象が起きるのです。

文字通り、パワーストーンには「パワー」が宿っているのです。

私の店に並んだパワーストーンの数々。お客様は眺めているだけでも、「元気になった」「パワーをもらえました」と言って帰って行かれます。そのパワーをいつも手元に置いていたとしたら、どんなことが起きると思いますか……？

パワーストーンの魅力は本当に奥深いもの。もしみなさんに叶えたい願いがあるのなら、石のパワーを借りてみるのもいいかもしれません。

POINT

自分の願いとパワーストーンの力がピタッとはまったとき、予想できない大きなパワーを受け取ることができるのです。

嫌な上司もパワーストーンで好きになる

パワーストーンを持つ動機は、「今よりもっとよくなりたい」というプラスの気持ちで持つことが多いのではないでしょうか。

しかし、運気を上げるためには、実は「悪い運気を入れない」こともまた重要なのです。お金の使い方もそうですよね。売り上げ1000万円を稼げる人であったとしても、仕入れに1200万円かかっているようでは、それは大赤字です。

いくらいいものを仕入れていたとしても、結果的に金額がマイナスになるようでは、いつまで経ってもプラスにはなりません。

運気も同じなのです。

ある日、そっと音もたてずに入ってきた男性Oさんは、見るからに痩せていて、気持ちが落ち着かない様子で、「鑑定を……お願いしたいんですけど」と私に言いました。

早速部屋に案内して詳しくお話を聞いてみると、職場の人間関係でメンタルを崩し、今は休職寸前だと言うのです。

「病院で薬をもらわないで、なんとかできないかと思ってこのお店に来てみたんですけど……」と、自分の気持ちははっきり持っていたOさん。

「特に誰と一緒に仕事するのがつらいとか、ある?」と聞いてみると、「上司の女性の方が怖くて……」と言うのです。配置転換で異動になってきた女性の上司から始終指摘を受け続け、精神的にまいってしまったそう。

まじめにひとつひとつこなそうと頑張っていたあるとき、限界を迎えてしまったんだと小さな声で言う彼。その大きな体がとても小さく見えたのを覚えています。

「Oさん、事情はよくわかりました。口が達者な人にいちいち受け答えしていると、神経をすり減らしてしまうこともあるかもしれませんね。まして上司だとなかなか言い返せないことも多いですよね。まずは、そのご自身の中にたまったマイナスのパワーを浄化させてくれるパワーストーンを持ちましょう」

私は、波動が高くマイナスを浄化してくれるシュンガイトをおすすめしたのです。Oさんは「わかりました」と言って、そのブレスレットをその場でつけて帰って行かれました。

Oさんに限らず、人間関係で悩む人は多いもの。**その大半の方が、自分の中に人から受**

けた言葉やエネルギーを取り込み過ぎていると私は感じています。

それだけ、優しく人に合わせられる性格でもあるのでしょう。しかし、それは生きづらさにもつながってしまいます。

「人の影響を受けやすい」

「人のエネルギーに敏感かもしれない」

このように感じる方には、邪気をはらってくれる、あるいはマイナスエネルギーを受け取りにくくしてくれる「チベットクォーツ」などもいいと思います。

さて、先ほどご紹介したOさん。あれから連絡もなく、「大丈夫かな……」と心配していたのです。

初めてお店にいらしてから半年が経った頃でしょうか。「こんにちは!」という元気な挨拶と共に入ってきたのは、あのOさんでした。

「え、ええ~!? あのときのOさん?」とあまりの変わりように失礼ながら私はびっくり。なんでも、鑑定後も仕事を続けていたところ転勤があり、自分の希望する部署へ異動することができたのだとか。

「いつも先生が選んでくださったお守りを身につけて会社に行っていました。そうしたら不思議と、上司が言っていることが気にならなくなってきたんですよ(笑)。今では普通に話せるくらいの間柄になったんです！　あのときの落ち込みはいったいなんだったんだろう？　って感じです。本当にありがとうございました！」

Oさんと会うのは2回目なのに、まるで初めての人に会うような、それくらいの衝撃を受けたのを今でも鮮明に覚えています。

Oさんのパワーを浄化させ、適材適所に導いてくれたシュンガイト。上司と円満になれたのも、彼の本質をシュンガイトが引き出してくれたから、なのかもしれません。

上司を変えるのではなく、自分を変えることで幸せをつかみとったOさん。パワーストーンは持つ人のサポーターなのかもしれません。

POINT

上司との人間関係に悩んだらパワーストーンを持ってみては？
自分を変えるきっかけをくれるかもしれません。

「金運の階段」を上る石の選び方

私のお店でよく見る光景があります。それはお客様同士が「知り合い」「友人」だった！ということです。冗談みたいなお話ですが、経営者や営業マン、個人事業主といった「いいお客様と出会いたい」「売り上げを伸ばしたい」といつも考えている方々は、運を引き寄せることにも熱心になられる傾向があるように思います。

これは私の経験上得た感覚ですが、建築関係の方や住宅関係の方、自然を相手にした仕事をしている方は、パワーストーンをお好きな方が多いように思います。普段から自然と触れ合っていることが多い方は、パワーストーンのエネルギーに信頼を置いているのではないでしょうか。経営者の方々の手元を見ると、「ああ、なるほど」というようなパワーストーンを選ばれています。

パワーストーンの効果をより発揮しやすくするためには、自分の現状に合ったものを選ぶことが重要です。

そこで、「金運の階段を上る石ベスト3」をご紹介したいと思います。

1．シトリン

商売を営んでいる方、個人事業主で仕事をしている方におすすめのシトリン。金色に輝く石の色は、持つ方の金運の流れを高めてくれます。

パワーストーンを初めて持つ方にもおすすめの石です。ブレスレットにして身につけるのがいいでしょう。

2．スーパーセブン

名前からして縁起がよさそうな石ですが、ひとつの鉱物の中に、異なった水晶の鉱物が内包されている石のことを言います。それが7種類あるので、「スーパーセブン」と呼ばれており、高いパワーがある石と言われています。

潜在的な能力を引き出す力を持っているため、クリエイターなどのフリーランスの方はこの石を持つと仕事運アップにもつながります。シトリンとセットで持ちたいですね。

3．ルチルクォーツ

経営者の方がひとつは必ず持っているのでは？　と思うくらい、メジャーなパワーストーン、ルチルクォーツ。財運の神様と呼ばれ、事業を成長させてくれるパワーストーンです。

法人経営をしている方、営業職の方はぜひ身につけておきたい石のひとつ。自分が望む理想の経営者や、ノルマ達成といった明確な目標設定がある場合に、強い力を発揮するパワーストーンで、自分の能力を高めてくれる心強い相棒のような石です。

金運＋仕事運を高めていくことで、より多くの運気を呼び込むことができます。ご自身の職業、あるいは目標によって持つ石を変えることがおすすめです。

また、自分がレベルアップすることで、「あ、この石を持ちたい」と湧き出てくる場合もあるでしょう。そのサインに素直に従い、金運向上のチャンスをゲットしてほしいものです。

ちなみに、私はルチルクォーツを肌身離さずつけています。お店に来られる経営者の方にはまず、ルチルクォーツから見ていただくほど、力のある石だからです。

POINT

金運向上と一口に言っても、つける人によって石は変わる。自分の成長に合わせて石を選ぶことが、効果を発揮するポイント！

ルチルクォーツとヒスイで成功の階段を上ろう

前項で、金運を上げるパワーストーンをご紹介しましたが、実はおすすめしたいパワーストーンはまだまだあります！

前項でもご紹介したルチルクォーツのほかに、ヒスイが挙げられます。私もブレスレットとしてつけています。

ヒスイは中国の富豪であれば、必ず持っていると言われているほど、メジャーなパワーストーンです。みなさんも「ヒスイ」という石の名前を耳にされたことも多いのではないでしょうか。

持つ人の目標を達成させると言われており、自己実現のお守りとなります。

また、成功の道へと向かう障害物を取り除き、身を守ってくれる「魔除け」としての効果もあります。

これだけの効果がある石なので、世界中で愛されてきた歴史も持っています。

ある目標を決め、「それに向かって頑張るぞ！」と決めたときにヒスイを持つ。すると、成功の扉が自ずと開かれてくるはずです。

その成功の扉を開け、自身で階段を上り始めた中段くらいのところでしょうか。そのときに、成長を後押ししてくれる石、「ルチルクォーツ」を持つのです。その頃には、最初に決めた目標よりもっと具体的になっていることでしょう。


「自分が本当に望む仕事がしたい」

「これだけの売り上げを出したい」

「スキルがほしい」

このような、より具体的な目標をルチルクォーツは後押ししてくれます。より高い目標に向かっていく人を導いてくれるのが、ルチルクォーツなのです。

それぞれ石の役割は違えど、どちらもみなさんの人生にとって非常に有益なパワーストーンだということがおわかりいただけたのではないでしょうか。


映画やドラマの世界と違い、お金が勝手に空から降ってくるような出来事に出会うことはありません。

しかし、パワーストーンの力を借りることで、自分の決めた道に自信を持って歩いていくと、思ってもみなかった出会いが待ち受けていることもあります。そこから、ビッグチ

ャンスをつかみ、大金を手に入れた経営者さんを何人も知っています。

自分が大きな成功をつかみたいなら、まずそれを心に強く願うこと。そしてその願いを神様にも、石にも伝えて、共に頑張っていくこと。

もちろん、それはみなさん自身のペースでいいのです。成功の階段は逃げません。ただ一歩ずつ、歩みを進めていきましょう。

POINT

ヒスイは目標設定をしたときの決意のお守りとして。
ルチルクォーツは発展させたいマインドを支えるお守りとして。

赤目のヘビ天珠は金運の神様

さて、これまでは金運と仕事運を紐づけてお話ししてまいりましたが、金運アップの目的はほかにもありますよね。

「夫の給料がアップしてほしい！」
「ギャンブルで当てたい！」
「懸賞を当てたい！」
「上手な投資をしたい！」

そんな、**家族の金運アップや、ギャンブル運などを上げたい人におすすめなのが「ヘビ天珠」のブレスレットです。**

天珠とは、「メノウ」に文様を入れた天然石のこと。天珠には、龍とヘビのものが有名ですが、メノウにヘビの文様が入ったものは、特に金運アップに絶大な効果を発揮すると言われています。**ヘビは地面を這って、お金を寄せてくるという意味からも、お金を集めて**

きてくれる、という効果が期待できます。

赤目のヘビ天珠

私がつけているヘビ天珠は、天珠にさらに「赤目」のルビーを入れているもので、山梨にある宝石屋さんにお願いをしています。

実際、天珠をつけてから数百万円もする高価なアイテムをお求めになる方が何人もいたり、大型の鑑定が入ったりと、ヘビ天珠の効果を感じる毎日です。

強い効果を感じるヘビ天珠。愛用すればするほど、応えてくれる、そんなパワーストーンのひとつです。

POINT

赤目のヘビ天珠でギャンブル運や臨時収入運がアップ。手元に置いて、金運を呼び込んで！

「金運宝龍天珠ブレスレット」で金運アップ

「先生、そのブレスレットつけてから最近すごくないですか?」

「橘さん、最近びっくりするようなことが続いているじゃないですか!」

このようなことを言われることが多くなったのも、この**「金運宝龍天珠ブレスレット」**のおかげだと思っています。ちょっと私の体験談をお話しさせてください。


自他ともに認めるパワーストーン好きの私ですが、これまで何度もパワーストーンの力に助けられてきました。石は生き物であり、出会いも一期一会のもの。


「せっかく身につけるならやっぱり、愛着が湧くものがいいわよね……」

「お客様に提供する石もうちの店のオリジナルで、効果が高いものをお出ししたい……」

そう思った矢先に、「あっ!」とひらめきが降りてきました。

理想通りに仕上がった
「金運宝龍天珠ブレスレット」

それが「金運宝龍天珠ブレスレット」です。

龍は金運の守り神でもあり、天高く昇っていく縁起のいい生き物。そのお守り天珠と、パワーストーンを組み合わせてより高い波動のブレスレットをつくることにしたのです。

「金運宝龍天珠ブレスレット」は、龍の目に自分のカラーの宝石を入れるオリジナルブレスレット。たとえば、緑ならエメラルド、赤ならルビー、黄色ならシトリン、ゴールドなら18金、黒は濃いサファイヤを。そのほか、ダイヤモンドを入れるようにデザインを考えました。


そこで、龍の手に握らせるようなデザインを山梨の宝石屋さんに特別にお願いしたところ、「こんなブレスレットがほしい！」という自分の理想を詰め込んだ、一切妥協なしの作品に仕上がりました。

できあがったブレスレットの現物を見たとき、思わずスタッフたちと「わぁ、素敵〜!!」と声を上げてしまいました。つけ心地も抜群によくて、私自身を守ってくれるお気に入りのブレスレットになったのです。

それから、1ヵ月ほど経った頃のことでしょうか。

親しくしている社長さんからお電話があり、「先生、これから行くけどお店にいる？」とおっしゃるので、「お久しぶりです。はい、もちろんいますよ～」と答えると「知り合いを連れて行くから」と言ってそこで電話は切れてしまいました。

ドアが開き顔なじみの社長さんの後ろから、テレビで活躍するプロ野球選手の方が顔を出されたのです。「ええ～～～～!!」と私もスタッフも思わず大絶叫。横で社長さんが笑っているのが見えます。

心臓のドキドキがおさまるのを待って、社長さんと選手のお話を伺うことになったのでした。

まさに龍がほほ笑んでくれた、そんな瞬間だったのです。

このほかにも、「なぜこのタイミングでこのお話が？」と驚くような仕事のお話が舞い込みました。本当にありがたいことだと思っています。

ブレスレットは私に大きなチャンスを与えてくれました。その中で、強く感じたことがあります。

それは、「**与えられた機会を最大限活かすには、チャンスをつかめるスタンスを常に保っておく**」ということです。

たとえば、プロ野球選手のバッターは、一回一回がピッチャーとの真剣勝負です。自分に来た球をとらえるには、その陰で何倍も何十倍もの努力をしています。

運の神様をキャッチするには、強い覚悟と、たゆまぬ努力が必要なのだと、改めて教わったのです。

私は今もブレスレットをつけるたびに、打席に立つバッターのように、気持ちを奮い立たせています。そんなやる気に満ち溢れた私をぜひお店まで見に来てください（笑）。

POINT

チャンスを与えてくれるお守り龍の、金運宝龍天珠ブレスレット。生かすも殺すも自分次第。チャンスを受け入れる器をつくっておいて！

水晶で悪い気を浄化する

パワーストーンのことについてさまざまなことをお伝えしてまいりましたが、これをきっかけに「パワーストーンを持ってみようかな」、あるいは「パワーストーンについてもっと知りたくなった！」と感じていただけたら嬉しいです。

さて、**パワーストーンをお迎えした際に覚えておいていただきたいのが「定期的な浄化」です。**

パワーストーンは、日々の暮らしの中でみなさんに力を与えたり、守ってくれたりと活躍してくれる心強いモノです。その分、人や空間の気を石が吸い込んでしまうことで、パワーストーンの力が弱くなってしまうこともしばしばあります。

私たちが夜、眠るのと同じでパワーストーンにも休息は必要です。さざれ石にパワーストーンを載せる、またはセージを焚いてくぐらせるなどして、浄化してあげましょう。

それと同じように、私たちの中にある「気」も、こまめな浄化が必要です。

私のお店には、医療従事者の方もよくいらっしゃるのですが、命を預かる仕事とあって、その心労やストレスは私たちには計りしれないものがあります。

「ブレスレットももちろんいいのですが、水晶のクラスターを置いて、気の流れをよくすることも大事ですよ」

私はそうお伝えしています。

特にご自宅は、自分自身を休める大切な場所。そういった場所を浄化するのもまた、いい運気を呼び込むためには必要なことなのです。

水晶のクラスターの中でも、チベットクォーツの浄化度の高さは、群を抜いています。人と接することの多い接客業の方、また常に緊張状態で仕事をされている医療従事者の方や、経営者の方などは、水晶クラスターをご自宅に置いて、心をリフレッシュする空間にしていただけたらと思います。

POINT

水晶クラスターは、自分をリセットしてくれるパワーストーン。側に置いて癒し効果をいただいてみては？

第6章

腸をよくする食べ物が「超」大切

第5章までは、開運するための習慣や意識していただきたい行動、身につけるべきパワーストーンについてお伝えしてきました。

大事なことなので何度もお伝えしますが、運を呼び込むためには「いい流れを呼び込むこと」そして、「流れを止めないこと」がとても重要です。

気の流れがよどんでしまうと、

・悪い気を浄化する。
・そのうえでいい気を呼び込む。

という2段階の手順を踏まなければなりません。

それよりも、常にいい気を流しておくことができればより大きなチャンスにも恵まれやすくなります。

いい気を受け取る側もまた、よどみない受け皿を用意しなくてはなりません。2種類のバケツの水を思い浮かべてみてください。

ひとつは綺麗な水の入ったバケツ。もうひとつは汚い水が入ったバケツ。さて、そこにまっさらな布を入れたら、どうなると思いますか？

当然、汚いバケツに入れた布は汚れが付着してしまいますよね。気を受け取る私たちも「綺麗な体」でいる必要があるのです。

つまり、金運をつかみとるには、まず自分が運をキャッチできる健康な体でいること。そして、その健康に大きく関わっているのが、「腸」なのです。

腸は入ってきた食物を消化吸収し、栄養素を取り込み、不要物をお通じとして排出する役割を担っています。この腸の健康こそが、全身の健康と深くつながっているのです。

そこで第6章では、金運と健康運を上げる「腸」開運フードを中心にご紹介していきます！

健康運は金運の土台

２０２１年10月で18年目を迎える私のお店「風水生活」ですが、実はその前は薬膳料理の飲食店を経営していました。

中国は古くから「医食同源」、口から入るものは医療と同じくらい重要である、という考え方をしています。そこから転じて自分の健康には、いい食べ物から、というとらえ方が広まっていったのだと思います。

私たちの体は食べたものからつくられます。自分にとって必要な栄養素やカロリーを把握して健康管理に努めたいですよね。

よく言われることですが、健康は財産です。

健康な肉体と精神があれば、思うように働くことも、遊ぶこともできます。

もし病気になってしまえば、その病気を治すために治療費というお金がかかり続けることになります。

もちろん、いつでも健康でどこも悪いところはない、というのは難しいでしょう。年齢を重ねるにつれて、体のあちこちが弱ってくるのはある意味自然のことです。

老いを受け入れながらも、自分自身をいい状態に保っておくことが、時間や費用を病気に費やすことなく快適に過ごすことにもつながります。

経営者の多くは時間を捻出してジムに通うなど、運動する時間を取っています。これは、「自分自身が健康であることが、事業発展のために何よりも重要だ」と考えているからです。

もしみなさんが健康に不安を抱えていたり、持病などを持っていたりする場合には、定期的に検査などをして病気の管理をするとともに、ご自身も健康管理に、より一層取り組んでみていただきたいと思います。

健康状態を整えておけば、ここぞ、という大きなチャンスが巡ってきたときも迷いなく飛び込んでいくことができるでしょう。

健康運は、ある意味日々の心がけで変えていける、一番効果が出やすいものだと考えています。

風水的にも自宅や仕事の場所を変える、あるいは事業そのものを転換する、というのはなかなか難しいかもしれませんが、それに比べてみるとご自身の健康は、変えやすいものだと思うのです。

人間、ひとつや二つは体の弱い部分もあるはず。それとうまく付き合っていきながら、自分自身のパフォーマンスを常にいい状態に保つ。

そのことが、金運を呼び込む土台となるのです。

POINT

金運を上げるためには、自分の健康運アップから。自分の体をよく知って、適切な管理をしていきましょう！

春は酸味、夏は苦味、土用は甘味、秋は辛味、冬は塩味をとって

よくスーパーなどに行くと「旬の味」といって野菜や果物、魚など、その季節で一番美味しい食材が並んでいますよね。それだけではなく、旬の食材にはたっぷりの栄養素も含まれています。

私が薬膳料理のお店をやっていた頃、気をつけていたのは、「春夏秋冬の季節に適切な食材をとる」ということです。

中医学では食材を五つの味（五味《ごみ》）に分類し、それぞれの「味」が肝・心・脾・肺・腎の五つの臓器に作用すると考えられています。ここでは、日本の春夏秋冬に合わせ、それぞれどんな「味」を食したらいいかをご紹介します。

次ページの図は、春夏秋冬でとるべき栄養素をまとめた図です。

春は、酸味のある食べ物をとるようにします。代表的なのはお酢を使った料理でしょう。きゅうりの酢の物や、お酢ドリンク、梅干しなんかもいいですね。酸味は体をしゃっきりさせる働きがあるため、冬の寒さで縮こまった体を起こすには最適です。

五味の食べ物一覧

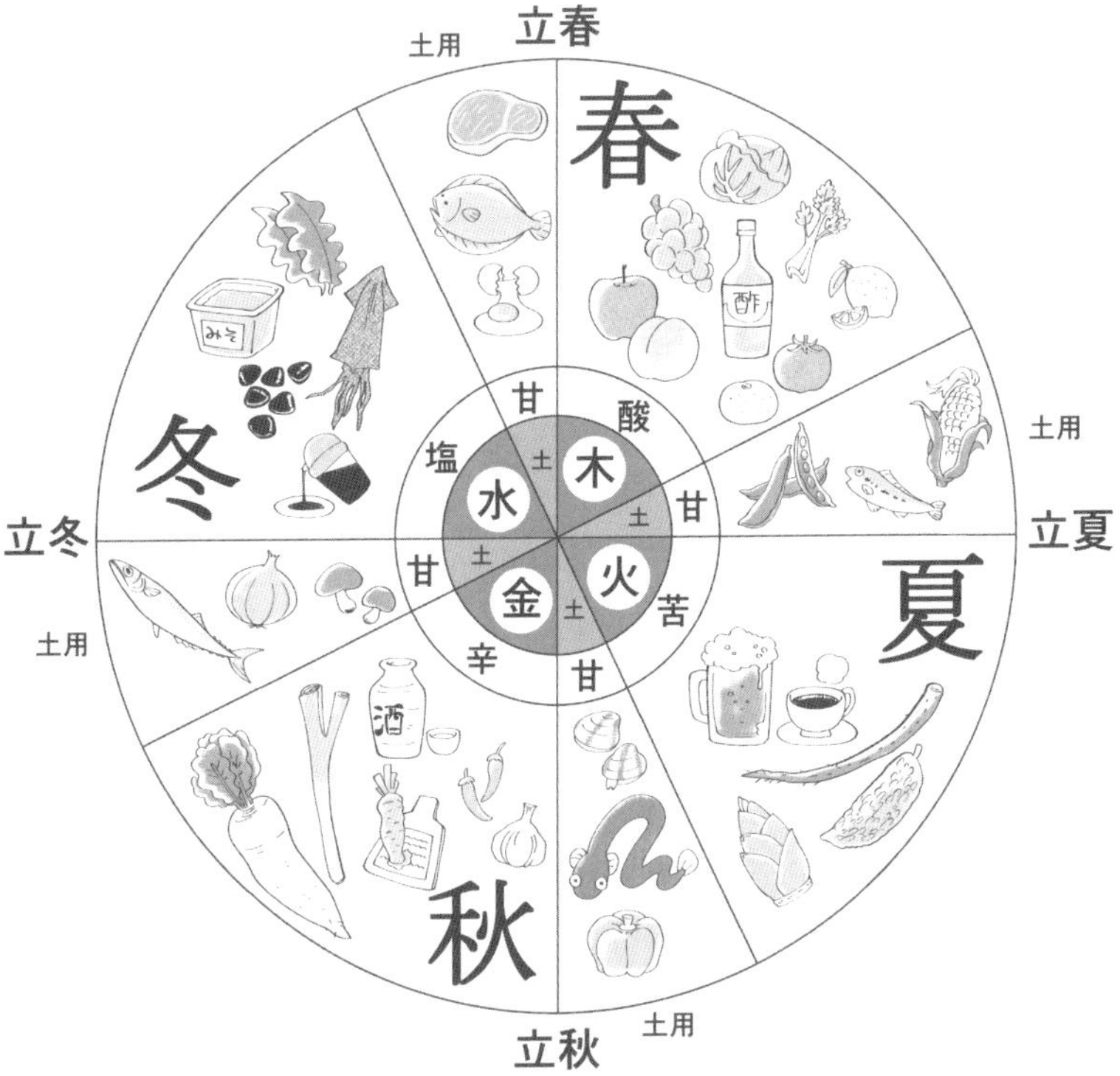

春は酸味、夏は苦味、秋は辛味、冬は塩味、土用は甘味。
季節に合わせた五味の気を取り入れましょう。

夏は、苦味をとるようにします。ゴーヤーチャンプルーは夏の定番といったところでしょうか。ピーマンなど夏野菜も積極的に食べたいものです。

苦味はむくみを取る成分があると言われています。水を飲む機会が多い夏には、その分排出させる役割を持つ「苦味」もとるようにしましょう。

秋の収穫のシーズン。**秋は、辛味をとってください**。辛味、と言えばトウガラシが浮かびますが、何と言っても私がおすすめしたいのは、「キムチ」です。辛味をとれるだけではなく、発酵食品ということもあって、いいことづくめですよね。

だんだんと寒くなってくるシーズンでもある秋に、体を温めて冬に入る準備を整えておく。そんな効果もあります。

そして、**冬には、塩辛い食材を食べるようにしましょう**。現代では、生活習慣病の引き金になるとして、減塩志向が拡大しつつありますが、私は「ちょっと待った」と思っています。そもそも寒い冬を乗り切るためには、体を温める効果がある「塩」は欠かせません。当然ながら塩も大事なミネラルのひとつ。そのため、医師から塩分制限されているか、血圧が高いのでなければ、自然塩を積極的にとったほうがいいと私は考えています。

冬には味噌汁、おつけものがおすすめ。上質な塩を適量とって、体の冷えを予防しましよう。

さて、春夏秋冬にとるべき食材をお伝えしてまいりましたが、もうひとつ大事な季節があります。それは季節と季節の変わり目である「土用《どよう》」です。

1年にある**四つの土用の日には、甘味をとることをおすすめします。**

土用、と言えば鰻《うなぎ》を思い浮かべる人が多いでしょうが、鰻は滋養強壮食品で、甘味があります。また、はちみつやあずき、栗といった旬の食材の甘味をとるのもいいですね。

このように、春夏秋冬の中で食べるべき食材について改めて考えてみると、私たちが自然の恵みの中で生かされていることに気づくと思います。

しっかりと自然の恵みをいただき、体調を整える礎をつくっていきたいですね。

POINT

春夏秋冬で食材を意識すると、体の調子が整うのを感じるはず。まずは、できるところから取り入れてみては？

金運を上げたかったら「色」を気にして食べましょう

はい、繰り返しになりますがここでもう一度復習です（笑）。金運をアップさせるのは何色でしたか？

そうです、**風水の五行で言うところの「金」にあたる、白や金の色を取り入れましょう！**とお話ししてきました。

この開運カラーをぜひフードにも取り入れましょう！　金運を呼び込む「白色」、または「金色」の食べ物、みなさんは何が思い浮かびますか？

まず、食べていただきたいのが、「**白米**」です。日本人の主食でもある白米を食べることは、金運アップに欠かせません。

そのほか、白い食材と言えば、お豆腐、大根、にんにく、サトイモ、白キクラゲなどもいいでしょう。

ちなみに、私はお魚が好きで、よく鯛を買って食べています。これも「白」い食材としておすすめです！

また、もうひとつおすすめしたいのが「**卵**」です。卵は白い食材としても、また金色と似た「黄色」も含まれているためまさに金運アップフード！　と言っていいと思います。さまざまな料理にアレンジできる卵も、ぜひ意識して食べてみてください。

金運アップの食材を食べることは、すなわち金運アップのエネルギーを取り込むことにも、健康運をアップさせて結果的にお金を受け取りやすくする体づくりにも役立ちます。

さらに、今ご紹介した食材を改めて見てみると、日本人が昔から食べてきたモノが、結局のところ日本人の体質にも合っているのではないでしょうか。

余談ですが、五行の「金」の部分を五臓《ごぞう》（肝・心・脾・肺・腎）に当てはめると「肺」の部分にあたります。肺、つまり呼吸器系を強くしておくことも金運アップのカギなのかもしれません。

POINT

金運をアップするには、白い食べ物が最適！
白米、お豆腐、大根、卵を積極的に取り入れて！

キムチを食べると金運がアップする

金運アップフードをあれこれご紹介してきましたが、私が思う、最強金運アップフード、それは「**キムチ**」です！

発酵食品のキムチが腸にいいのは、みなさんご存じですよね？　キムチは白菜とトウガラシからつくられていて、金運アップの「白」がしっかり入っていますが、実はそれだけではありません。

風水では、すべての食べ物を「陰」と「陽」に分類でき、さらに「木」「火」「土」「金」「水」の五行に対応させています。

一方、中医学の考え方では、食べ物には「五気《ごき》」と「五味」があるとされ、「五気」は、「熱」「温」「平」「涼」「寒」に分けられます。

この中で「熱」が最も「陽」の気が強く、「平」は陰陽の中間で「寒」が最も「陰」の気が強くなります。

一方、「五味」は、食べ物の味で「酸」「苦」「甘」「辛」「鹹《かん》（しょっぱい）」の5つに分類されます。

風水では「木」「火」「土」「金」「水」の五行に対応させています。これらをまとめると、次のようになります。

春　酸↓「木」の気　↓恋愛運、信頼運
夏　苦↓「火」の気　↓運動運、営業運、行動運
土用　甘↓「土」の気　↓家庭運、健康運
秋　辛↓「金」の気　↓金運
冬　鹹↓「水」の気　↓勉強運・学び運

注目すべきは、「辛」が金運に影響を与える、ということです。つまり、辛い食べ物を食べると「金」の気を取り込むことができ、金運がアップするというわけです。

こんなに条件を満たしているフードは、キムチ以外になかなかないと思います（笑）。白菜を使ったキムチ、大根を使ったカクテキは最適だと言えるでしょう。

さて、「五気」で考えると、**熱いもののほうが「陽」の気が強くなる**ことがわかります。

さらなる金運アップをしたい場合は、キムチ鍋で熱々キムチをいただきましょう！鍋が終わったら、白い食品である白米を加え、雑炊に。「金」の気を十二分に取り込み、まさに「金運体質」に生まれ変わっているはずです！

私のお店のスタッフは、長年、腸の不調に悩まされていました。年に1回は激痛が走るくらいひどい状態でしたが、キムチを日常的に食べるようになってから腸が激変。今では、元気そのもので働いています。

かく言う私も、ここ3年くらいは毎日キムチを食べています。3日で1パック食べきってしまうくらいのスピードです（笑）。キムチにオニオンスライスを乗せて、EXVオリーブオイルをかけて食べると、血流と腸に抜群にいいですよ。

腸の働きは快調そのもの。そのおかげで、ビジネスにしっかりと集中して取り組めています。今日からみなさんもキムチを食べ始めてみてはいかがでしょうか。

POINT

キムチパワーで金運アップ。家族や親しい友人と「キムチ鍋」を囲めばさらに金運アップ！

腸が超よくなると金の〝ウン〟が上がる

私は毎日、キッチンの排水溝掃除をしています。

料理をするとどうしても野菜くずなどがたまり、目詰まりを起こしてしまいますよね。その目詰まりを毎日取り除くことで、流れが滞ることなく、スムーズになります。

掃除をした後、水がサーッと流れていくさまを見るのは実に気持ちいいものです。

私たちの体も毎日「排出」していますよね。

しかし、多くの女性はこの排出がうまくいかず、悩んでいるのではないでしょうか。そう、便秘です。

インとアウトのバランスが取れていること、これが健康運アップ、ひいては金運アップにつながっていくのです。

ちなみに〝ウン〟と言えばトイレが思い浮かぶわけですが、風水では、トイレの場所は玄関、寝室と並んでとても重要な場所です。

トイレは「水」を表す場所ですが、水は「金」と相性がいいことから、トイレと金運とは密接に関わっています。トイレもいつもピカピカに磨き、水晶クラスターを置くなどして、いい気の流れをつくっておきましょう。

腸もトイレも、流れをよくしておくことで、金運アップの相乗効果も期待できます。家の中も定期的に掃除し、不要物を捨て去ることで、悪運を断ち、いい運を呼び込むことができます。

それは、体の中も同じ。家の中だけでなく、自分の体に目を向けて「開ウン体質」に変えていきましょう！

POINT

腸のご機嫌をとってあげることで、体の調子も整っていく。古いモノ、不要なモノは排出して金〝ウン〟体質を身につけて！

胃にスペースをつくると、お金が入ってくる

とある50代の男性のお話です。

彼はフリーランスで収入が安定しない日々を送っていたそうです。仕事が忙しくなれば、食事の時間はそっちのけで仕事優先。逆に、仕事がない日には、昼食をドカ食いするなど、食生活も安定しなかったそうです。

さらに詳しくお話を聞くと、ドカ食いしてしまった日は眠くて1日仕事にならない、と言うではありませんか。

特に目立った病気もないということだったので、私は「あなたのその食生活の乱れは、心の乱れです。仕事がなかなか安定しないストレスから、食べることに走ってしまっています。仕事のことはさておき、まずその食生活から見直しましょう」とアドバイス。と言っても、私がお伝えしたのは、二つだけです。

- **毎日、ほぼ決まった時間に食事をすること。**
- **食事は腹八分目にすること。**

この方にはまず、仕事運を上げることよりも、その2つを見直すことが大切だな、と判断したのです。

それから2ヵ月後、彼から連絡がありました。

「先生に言われてから、たしかにストレスから過食気味になっていたことに気づきました。朝、昼、晩の食生活を見直し、ドカ食いをするのをやめたら、体が軽くなった気がして。おかげさまで、ひとつ継続の案件が決まったんです。今はその仕事を中心に頑張っています。先生、本当にありがとうございました！」

フリーランスという職業柄、ほとんど在宅勤務ということもあり、自分の中にある不安やストレスが「食」に向かってしまうことは、何もこの男性の話だけではありません。

私たちは、心が不安定なとき、それを埋める行動を起こします。それが暴飲暴食だったり、あるいはショッピングにはまってしまったり、ということもあるでしょう。

大切なのは、まずその「ストレスがある」という状態を自分で受け入れること。そのうえで、腹八分目を心がけて、胃にスペースを空けてあげましょう。

スペースを空けてあげることで、次のアクションが起こしやすくなり、その行動力がまた金運を運んできてくれます。とはいえ、これまでの習慣から急に腹八分目にするのは難しいかもしれません。そこで2つ、私からアドバイスをしたいと思います。

まずは、**お腹いっぱいにするために豆腐やこんにゃくといった低カロリーのものを食べてお腹の満腹感を満たしてあげること。**

低カロリーのものから食べ始めて、だんだん腹八分目に慣らしていきましょう。

もうひとつは、**食べることではない、自分が夢中になれるものに打ち込むこと**です。

ストレスから食べてしまう、という方は、自分の「心を満たす」ことに意識を向けてみてください。

運、というものは目には見えないエネルギーです。そのエネルギーは入れる場所がないと、私たちの中には入ってきません。体がいつも満杯状態だと、新しいエネルギーを入れる場所がないですよね？

いつもフットワーク軽く、冴えた頭でいるためにも、胃のスペースを空けて、身軽なあなたでいましょう！

POINT

金運の悪さはひょっとしたら、「食べすぎ」にあるのかも？
腹八分目を心がけて、金運を受け取れる体に！

納豆を毎日食べると人生は粘り強くなる

みなさん、納豆はお好きですか？　発酵食品と言えば、納豆を思い浮かべる人も多いのではないでしょうか。

ではみなさん、納豆をどうやって食べていますか？

「どうやって、って……パックから出して、タレを入れて、そこからかき回して……」そうです。納豆って、すぐに食べられるものではありません。ひと手間を加えて「ねばり」を出して、ようやく口に運ぶことができる。納豆を食べるのは、まさに集中のひとときですよね。このことから私は、納豆を食べることで忍耐強い、粘り強い人間になれると考えています。

今やゼリー飲料やビスケットなど、お手軽に食べられる栄養補助食品が充実した社会になりました。仕事で忙しいときや、家事の合間にちょこっとお腹を満たせるフードはたしかに便利ですし、よく食べる方もいらっしゃるでしょう。

しかし、あまりにも手軽で便利なため、どんどん「食事の時間」や「食事の大切さ」が失われつつある、と私は思っています。

消化をよくするために、食べ物は時間をかけ味わって食べましょう、というのはもはや、今の人たちには通用しないのかもしれません。

ところがそれでは、「気を取り込めない体」になってしまう恐れがあります。

そこで、3食のうち1回は、じっくりと食事を楽しむ時間を取ってほしいのです。そのお供に納豆は最適です。

それだけではなく納豆は、試験前や何か勝負事のときなど、「粘り強くなる」縁起物としても使われてきました。

また、納豆はアレンジしても美味しくいただけますよね。私のおすすめは、「納豆オムレツ」です。開運フードである卵と、縁起のいい納豆はまさにパワー満点！

納豆を毎日食べて「粘り強さ」をゲットしましょう！

POINT

納豆は「粘り強くなる」ための最強のアイテム。
アレンジしながら、納豆生活を始めてみては？

薬膳料理を食べて金運を上げよう

薬膳料理にあまりなじみのない方もいるかもしれませんが、薬膳料理も金運を上げる料理のひとつです。

そもそも薬膳料理とは、中医学の考え方にもとづき、体調や季節に合わせてつくる、いわばオーダーメイドの料理。薬膳料理は冷えを予防する「温かい料理」が多いのも特徴で、これは「体を温めることが病気の予防に重要である」という考え方から来ています。

さらに、「食べたからすぐ効果が出る」というものでもありません。何回か食べていくことで、じっくりとその効果を感じるのが薬膳料理の特徴でもあります。このあたりは漢方にも通じるものがありますね。

薬膳料理は、旬の素材をふんだんに取り入れた料理ですので、食べ物の「気」を受け取りやすくなる料理です。

金運アップのためには、「辛味」のある食材がおすすめ。トウガラシやショウガ、にんにくを入れてぜひ金運アップの「気」もいただきましょう！

また薬膳料理は、不要なモノを排出してくれる効果もあります。

五行で言うところの「木」の部分、ここは「肝」にあたるのですが、肝を強くしておくと、悪い金運を寄せ付けない効果もあります。

おすすめしたいのが「鶏レバーと棗《なつめ》の煮込み」。これは、肝臓を強くするのに最適です。

金運を高めるためには、プラスの運気を取り込み、マイナスの運気を出していく、インとアウトの関係が重要です。そのバランスを上手に取ってくれるのが薬膳料理だと言えるでしょう。

POINT

薬膳料理は自分の体も、運気も整えてくれる開運フード。
毎日の食生活に取り入れて、運気アップ！

「金運鍋料理」は運と栄養を一気にとれる

薬膳料理をベースにした「金運鍋料理」で見事、つらい状況から抜け出した、30代男性の方をご紹介します。

「鑑定をお願いしたいんですけど……」とお店に入ってきたYさんと初めて出会ったのは、ある夏の日でした。

外はいいお天気だというのに顔は青白く、体は痩せてしまっていて見るからに体調が悪そうだな、と思ったのです。

「はじめまして、Yさん。鑑定してほしい、とのことですが……」と私が話を切り出すと、Yさんはぽつぽつと自分のことを話し始めました。

話を聞いてみると、職場の人間関係でいじめのようなものにあってしまい、それからうまく食べられなくなってしまった、と言います。今は仕事を辞め、療養しているけれども、何とかまた社会復帰したい。だけど、体調が安定しない……でもなんとかしたい、と思って私の店に入って来られたそうです。

私はYさんが一気に話をするのではなく、途中途中で休みながら話をするのが気になりました。

聞くと、メンタルクリニックに通っているとのこと。私は、Yさんにはまず運気を呼び込むだけの体力が必要だな、と感じました。

「Yさん、お話しいただいてありがとうございました。つらい状況の中だと思います。そこで私からのご提案なのですが、まず、鍋料理を毎日食べてほしいのです」

Yさんが席で固まっているのが見えます。そんなことを言われるとは思ってもみなかったのでしょう。

「中医学では、鍋料理って最高の食べ物なんです。お見受けしたところ、Yさんにはまず、体力をつけてご自分の健康運を高めることが先決かな、と思いました。お鍋に入れる材料はYさんの好きなもので構いません。できれば、豚肉とショウガは入れて、トウガラシを加えてピリ辛で食べてもいいと思います。今、心も体もダウンして冷たくなってしまっていますから、まずは体からあったかくしましょう！」

「そう言えば、鍋なんてずいぶん食べてないです。いつも簡単に食べられるようなものばっかりで……」

Yさんの目に少し輝きが戻ったような気がしました。

「食べよう、とするのもパワーがいりますよね。だから最初は、好きなものを入れて召し上がってみてください」

Yさんは「わかりました、頑張って食べてみます」と言って帰って行きました。

「なんだかパワーダウンしているな」

「運気が悪い気がする」

「お金の巡りがなんとなく悪い」

そう思ったときにはぜひ、「鍋料理」を食べてみてください。さまざまな食材を無理なく食べられるだけでなく、**食材のだしがたっぷり入ったスープまでいただける鍋料理は、まさに栄養と運気のフルコースをいただける最高の料理です。**

鍋料理は、食事の満足感も与えてくれますよね。その満足感は、自分の「心の栄養」として行きわたるはず。

「自分自身のことも、もっと大事にしてあげよう」という気持ちが生まれ、やがてそれが、運気をいただく「受け皿」になります。

心に栄養が足りていないとき、むやみに暴飲暴食をするのではなく、自然に力を借りてみてください。きっとあなたの心を潤してくれるはずです。

さて、ご紹介したYさん。それからしばらくして、ひょっこりお店に顔を出してくれました。

ずいぶん顔色がよくなり、以前のように重たい体を引きずる様子もなく、かなり回復傾向にあるように見えました。今はアルバイトをしながら、転職先を見つけている最中だと言います。

「先生、あのときはありがとうございました。言われた通りに鍋料理を食べるようになってから、ごはんが美味しい、と思える機会が増えて、今ではすっかり体重も元通りになりました」

Yさんの明るい声を聞きながら私は、「ああ、彼にも金運の神様が降りてきてくれたのだな」と思いました。

いい就職先が見つかるようなアイテムをご所望されていたので、私は笑顔でブレスレットを選んだのを覚えています。

運気を呼び込む、「金運鍋料理」。体を温める作用のあるショウガやトウガラシ、キムチなどをたっぷり入れて、明日への活力にしていただきたいものです。

POINT

金運鍋料理で心も体も温かに。その満足感が必ずいい運を連れてきてくれます！

金運が上がるお茶のススメ

金運が上がるのは、お料理だけではありません。飲み物を意識するだけで金運はぐっとよくなっていきます。**最大の秘訣は、「冷たいものを極力とらないこと」**。

体を冷やさないよう常に温かいお茶、それも香り高い台湾茶を飲むようにしています。ときには冷たい飲み物でリフレッシュもしますが、夏でも冷房の効いた部屋にいることも多いため、実は体が冷えていることが多いのです。

金運を上げるには、1年を通して温かい飲み物を飲むようにしましょう。これだけはやめてください、とお客様にお願いしているのは「冬の寒いときに冷たい緑茶を飲むこと」です。温かい緑茶を飲むことを通年で意識してみてくださいね。

さて、**お茶の中でも、体を温めるのは中国、台湾の烏龍茶と、紅茶です**。私は風水のお店を営業するかたわら、中国茶の淹れ方も生徒さんに教えてかれこれ23年になるのですが、中国茶や紅茶をおすすめしています。

なぜ、中国茶や紅茶がいいのかと言うと、それは、お茶が持つ「発酵度」が関係しています。発酵したお茶は体を温める効果を持っています。発酵とは簡単に言えば「茶葉が酸化した状態のこと」を指します。

たとえば、リンゴは切った面をそのまま置いておくと、白かった表面が茶色に変わりますよね。これを「酸化」と言いますが、茶葉の場合には、それが「発酵」にあたります。

発酵は加熱すると止まりますが、日本の緑茶は、「蒸し」て発酵を止めます。一方、紅茶は加熱をしていないので、茶葉は茶色というわけです。

発酵度０％が緑茶、30～70％が烏龍茶、１００％が紅茶となっており、**発酵度30％以上のお茶がおすすめです。**

私はいつも、台湾の高山《こうざん》烏龍茶を飲んでおり、お客様にもこちらをお出ししています。

中国、台湾には香り高いお茶が多いですが、ここで特に金運アップにつながるお茶を三つ、ご紹介します！

1．水金亀《すいきんき》

烏龍茶で有名な中国、福建省の北でつくられるお茶です。すっきりとした飲み口が特徴の水金亀は、名前に「金」が入っていることからも、金運アップをサポートしてくれるでしょう。

2. 阿里山高山茶《ありさんこうざんちゃ》

台湾でつくられる高級茶のひとつである阿里山高山茶は、名前を聞いたことがある人も多いかもしれませんね。香りの高さとコクのある味わいは、自分を整えてくれるパワーを持っています。

3. 祁門《きーむん》紅茶

世界三大紅茶のひとつ。香り高いお茶ですが、ぜひ「ミルクティー」でいただいてください。ミルクとの相性も抜群。体を温めるだけではなく、「白い」開運カラーと共にいただくことで金運を呼び込むことができます。

ぜひみなさんも、目覚めの一杯に、また午後のひとときに、金運アップのお茶を飲んでみてはいかがですか？

POINT

中国、台湾の烏龍茶、紅茶は体を温める効果を持つ飲み物。日常的に体を温めて、金運体質へ！

「ながら食い」をすると金運が下がる

昼食を食べようとお店に入ってあたりを見回してみると、食事をしながら片手にはスマートフォンを持っている人をよく見かけます。食事中も仕事の連絡をしたり、あるいは調べ物をしたりと、ビジネスマンたちは今日も働いています。しかし、「**ながら食いは金運が下がる**」と知ったら、果たして同じように食事をするでしょうか？

これまでお伝えしてきたように、食べ物にも「気」があります。栄養と共に私はその「気」もいただき、心身の栄養にしています。

しかし、ながら食いをしてしまうと、その気は分散してしまいます。せっかくの食事の時間、これは非常にもったいないことです。

また、食事とビジネスは密接な関係を持っています。食事の場はしばしば、商談の場にもなりますよね。そういった観点から見ても、食事は大事な時間なのだとわかります。

私はどんなに忙しくても、１日１回はパートナーと一緒に食卓を囲むようにしています。

魚料理をよく食べるのですが、綺麗な器を選んだり、刺身に合いそうな醤油を選んだりと、食事の前から、楽しい、嬉しい気分を味わっています。その後2時間くらいかけてゆっくりと食事と会話を楽しみます。今日あったことや、これからやってみたいこと、また日々のニュースなどを話しているとあっという間に過ぎていきます（笑）。

本来、食事というのは、体にいい栄養と「気」をしっかりと吸収する、とても大事な時間です。この時間をおろそかにしてしまうと、ここぞ、というときに頑張りがきかなくなってしまうと私は感じています。さまざまな経営者の方々が美味しいお店を知っているのは、それだけ食が事業にもたらす影響が大きいことを物語っています。

自炊が難しければ、中食でも外食でもいいのです。スマートフォンを置いて、「いただきます」と言って目の前の食事に向き合ってみませんか？　そうすることで、今日の自分の行動を振り返ったり、いろいろなアイディアが浮かんできたりと、これまでとは違う体験がみなさんを待っているはずです。

POINT

ながら食いを思い切ってやめてみる。そうすると、これまで浮かばなかったアイディアが出てくるかも。

第7章

玄関を綺麗にすると
お金がやってくる

家の鑑定をする際、風水で特に重要視するのが玄関・家の中心点・寝室の三つです。寝室は、健康をつくるいわば、体の基礎にあたる部分です。健康運を表すのは「山」の気であり、そのため寝室には「山」を連想させるアイテムを置くといいとされています。私のおすすめはアメジストドームです。

寝室が気を休める、充電する場所だとしたら、玄関は運気の出入りがある大事な場所です。人が出入りするのと同じく、運気も毎日入れ替わりが起こっています。よりよい運気を呼び込むためには、玄関を常に綺麗に保っておくことが何より大切なのです。

また、玄関から見える**「外にあるモノ」にも注意が必要です**。

たとえば、病院やお墓が玄関からダイレクトに見えてしまう場合。風水では、墓地、病院などはマイナスの運気が漂う場所とされ、第4章でもお伝えした化殺風水（マイナスの作用を和らげること）を必要とします。

また、金運が逃げてしまう代表的な風水が、玄関とベランダが一直線上にあり、玄関からベランダが見えてしまうような住宅です。これは「漏財宅《ろうざいたく》」と呼ばれます。

玄関とベランダの間にのれんをかけたり、家具を配置したり、また観葉植物を置いたりなど、化殺風水の対策が必要な間取りになります。

１日の多くの時間を過ごす住宅。人にとっても、そして運気にとっても「心地よい」場所を心がけたいですよね。

第7章では金運に好かれる住環境について、詳しくお伝えしていきます。

なぜお金持ちの家ほどモノが少ないのか？

私は経営者の方のお宅にお邪魔して風水鑑定をさせていただく機会が多いのですが、伺うお宅のほとんどすべてで「モノが少ない」ことに驚かされます。

とにかく家の中に「余白」が多い。まるでホテルの1室のように、きちんと整理整頓されているお宅ばかりですから、「水晶をここに置いてください」と言うことも少し躊躇してしまうくらい、部屋の中がスッキリとされているのです。

なぜ、お金持ちの家ほどモノが少ないのでしょうか？　その理由を私は、「**本当に自分が必要とするモノが認識できているから**」だと考えています。

経営者の方はあらゆる物事が頭の中できちんと整理されているため、住宅にもそれが反映されているのではないでしょうか。

経営者である以上、常に物事の管理を求められます。コスト管理、人員管理、そして目標管理。思考の整理をしなければ、新しい情報をインプットすることはできません。

必要な情報を瞬時に取り出すためにも、整理整頓は欠かせない。そのことを十分に理解しているのでしょう。

また、余計なモノがあることで判断のスピードが落ちてしまう場合もあり、それが経営にとって命取りになる場合もあります。さらには、モノを持つことで、メンテナンスの時間や手間がかかる場合も。

そういった時間管理の面からも、フットワークをできる限り軽くしておくために、モノは持たない、ということを貫いているのかもしれません。

しかしながら、一般の方たちは常日頃、そこまで物事の管理を求められません。経営者とは違い、自分のほしいモノがあれば、管理の面まで深く考えずに買ってしまう。

こういった「あいまいな決断」を繰り返していくことで、どんどんモノが増えていってしまうのです。

繰り返しになりますが、**お金は「これでいいや」「とりあえず必要だから買う」といった無駄遣いを嫌います**。本当は必要ではないのに、お金を使うことは、お金を大事に扱っていない、ということにつながるからです。

私も経験があるのですが「なんとなく」で買ったモノは、たいてい使わなかったり、捨ててしまったりすることが多いもの。それよりも、少々値段が高くても「本当にほしいモノ」を「必要なだけ」買うことのほうが、むしろ買った満足感も相まって大事に使うのです。

余談ですが、住宅のちょっとしたすき間に「余白」があると、そこにモノを詰め込んでいませんか？　それは運気を下げるマイナスアクションです。

お寺や神社の庭を思い浮かべてみてください。「こんなに、余白が必要なの？」と思うくらい広々としたところが多いですよね。あの「間」があるからこそ、いい運気が入ってくるのです。

ぜひ、今日から小さな買い物のときにでも**「本当に今必要なモノ？」と問いかけてモノを買うようにしてみてください。**

同時に、**住宅の中に何も置かない「余白」を意識してみてください。**

お金持ちがする行動を真似るのもまた、金運アップには重要です。

POINT

お金持ちの家は、「必要なモノ」が「必要なだけ」置かれている。シンプルに、ミニマムに暮らすことで心もきっと軽くなるはず。

気の流れのいい家に住もう！

ここに二つの家があります。

気の流れがいい家と、気の流れが悪い家。みなさん、どちらの家に住みたいですか？　当然、前者の家に住みたいですよね。

では、もうひとつ質問です。みなさんの家はいい気が流れていますか？

おそらく、ほとんどのみなさんが「わからない」と答えるのではないでしょうか。

普段生活していると、なかなか自分の家が気の流れがいいのか悪いのか、わからないものですよね。ただ、次のような事象がある場合には、注意が必要です。

- **予期せぬケガや病気になることが多い。**
- **家族でケンカや言い合いなどトラブルが頻発する。**
- **精神的にイライラしたり、不安になったり落ち着かない。**

思い当たることがあった場合、家の環境を変えることで、運気が好転していく可能性があります。

「じゃあ、どうやって気の流れをよくすればいいの？」と悩んでしまいますよね。

でも、難しいことはありません！　いくつかのポイントを押さえれば、気の流れはぐっとよくなります。そのポイントを3つお話しします。


まずひとつ目は、**「モノを出しっぱなしにせず整理整頓する」**。

これまでにも何回もお伝えしてきていることですが、「モノを乱雑に置かずに、所定の位置に戻す」「床や通路にモノを置かない」。これは、運気の通り道を塞がずに、循環をよくするためです。

川の流れを思い浮かべてください。川に石などの障害物を置くとそれだけ、水路は細くなってしまいますよね？　さらに障害物を積み重ねてしまえば、当然流れはストップしてしまいます。こうなると、もう新しい流れはやってきません。そのうち、気の流れはどこかに逃げていってしまいます。

家も同じことが起こっています。モノが運気をシャットアウトしてはいませんか？　まず、床や廊下、またトイレなどに置いてしまった本や書類などは、「本来の位置」に戻しましょう。そのうえで、ほこりなどをはらい、清潔にする。

また、玄関は家族が履く靴1足だけをそろえて置くようにしましょう。今では省スペースで靴をしまえる収納グッズも販売されています。このようなグッズを活用して、玄関はスッキリとさせておきましょう！

二つ目は、「**悪臭は徹底的に退治して、いい香りが広がる空間にする**」。

いい気で満たすためには、「においい」にも注意しましょう。特に家の中は、においの元がたくさんありますよね。キッチンの水回りやゴミ箱周辺、お風呂の排水溝、トイレのにおいなど、こういった悪臭は運気そのものを下げてしまいます。

私たちも嫌なにおいをかぐと、テンションや集中力が落ちてしまいますよね。そうならないためにも、次の点に気をつけてください。

・**生ゴミなどの口はしっかりきゅっと縛ってにおいをシャットアウトする。**
・**排水溝や水回りは、定期的な掃除で清潔に保つ。**
・**トイレは便器だけでなく、床や手すりなども丁寧に掃除を行う。**

そのうえで、ルームフレグランスなどを置き、いい香りを空間に漂わせるようにしましょう。帰宅したときにほのかに「あ、いいにおい」と感じるくらいがいいですね！

そして三つ目は、「**ゴミ箱は１ヵ所に集中させる**」。

生活している以上、ゴミが出るのは仕方のないことです。ましてや常に掃除を心がけているみなさんであれば、ゴミ箱が室内にいくつかあったほうがいいですよね。

でも、待ってください！　ゴミ箱はいらないモノを捨てる場所＝邪気がたまりやすい場所でもあります。そのため、ゴミ箱が室内にいくつもある状態は好ましくありません。

ゴミ箱は各階1ヵ所に集中させ、かつゴミ箱周辺も清潔に保っておきましょう。蓋つきのゴミ箱であれば、においと共に邪気も閉じ込めておくことができます。ゴミ箱から発せられる邪気を極力少なくするためにも、ぜひ各部屋のゴミ箱は撤去することをおすすめします。

三つのポイントをお話ししてまいりました。家の中にいい気を呼び込む準備はこれでばっちりです。

余白ができたら、ぜひモノではなく、「生花」や「絵画」など、五感を刺激するインテリアを飾ってみましょう。いい気が「寄り付きやすくなる家」になるはずです。

POINT

気の流れのいい家に住むことは、決して難しいことではない。
人も運気も「心地よくいられる」ことを目指し整理整頓してみて。

1分でできる玄関金運風水

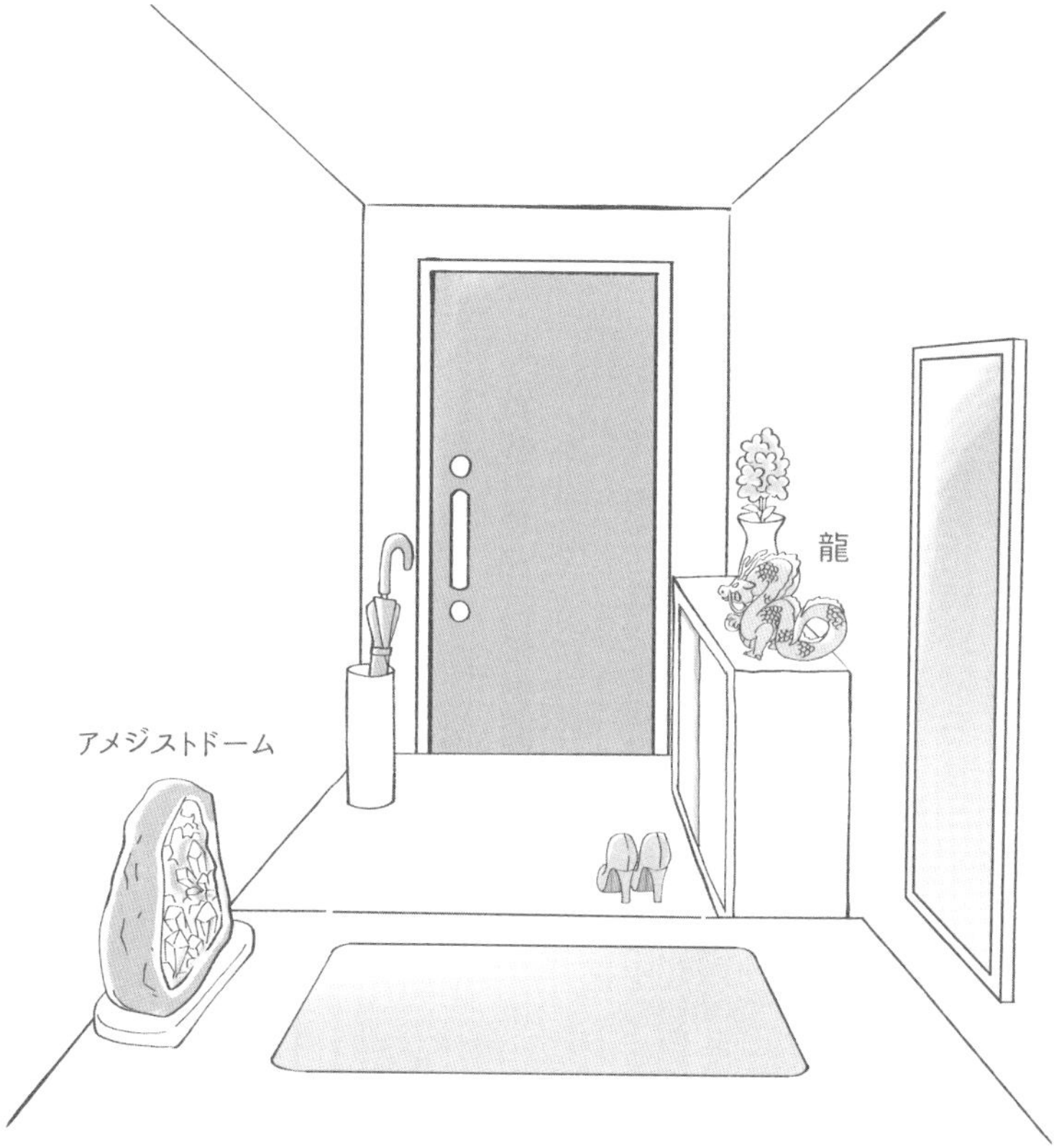

金運をアップさせるには、モノがないスッキリとした玄関が一番です。
・靴は家族×１足　・傘も家族×１本
・自分の勝負カラーのものを置く、勝負カラーの絵を掛けるのも◎

水の流れをつくるとお金の蛇口が開く

とあるマッサージ屋さんに行ったときのことです。

施術を終え帰りがけにふと玄関を見ると、水車がくるくると回り、下の水槽には金魚が泳いでいるのが見えました。リラックスするためのマッサージ屋さんに、水車がコトコトと音を立てている……。「ああ、風水のグッズがこんな風な効果も生み出すのね」と感じ入ったのを覚えています。

実際、そのお店はお客様が絶え間なく訪れ、まさに「水の流れをつくると、お金の流れがよくなる」のを体現していらっしゃったのです。

健康運を表すのが「山」の気だとすると、金運や財運は、「水」の気として表されます。水回りをよくすると財運がよくなる、というのはここから来ているのですね。

さて、自然の水の流れを考えてみると川や海などは絶えず流れて「循環」していることに気づきます。**水の流れは循環して常に綺麗な流れを保っているもの。**この考え方を金運にも当てはめて考えることが大事です。

水の流れをつくる前に、家の中にある水回りを綺麗に保ち、流れをスッキリとよくするところから始めましょう。

家の中の三大水回り、と言えばトイレとキッチン、お風呂です。よく「トイレは金運の神様がいるので、綺麗にしましょう」と言われますが、**水回りを清潔に保つのは、運気をアップするにはとても大事なことです。**

清潔になったところで、水の流れをつくっていきましょう。

まずおすすめなのは、玄関に水の流れをつくること。たとえば、室内に置く小型の噴水や、アクアリウム、魚の水槽などを置くのもいいでしょう。

水槽で魚を飼うのであればおすすめは金魚です。「金」の魚と書くだけあって、金運を呼び込んでくれます。

水流をつくり、お金の流れができたら、あとは上手に循環させていきましょう。

一番注意したいのが、この章の冒頭でもご紹介した「漏財宅」です。

玄関からベランダやリビングが一直線にあると、入ってきた金運がそのまま出て行ってしまいます。もしご自宅の間取りがそうなっていたら、水の流れと共に、パーテーションやドアといった仕切りを設置したり、大きめの観葉植物や、素敵なタンスなどを置いたりして、入ってきた気が充満するような配置を目指しましょう。

POINT

水の清らかな流れは金運を呼び込む「誘い水」。
家の水回りも清潔にして、金運が住み着きやすい家にしていきましょう！

雑なキッチンは金運を下げる

毎日家族の健康を生み出している、キッチン。そういう意味でキッチンは、健康運も金運もつかさどっている重要な場所のひとつです。

キッチンは、「火」の気と「水」の気を持っているため、その分特に気を遣わなければならないという場所でもあります。

ところで、みなさんのキッチンはこんな風になっていませんか？

- **使い終わった鍋やフライパンが出しっぱなし。**
- **調味料や使いかけの食材が何年も放置されている。**
- **キッチン全体にゴミ箱からの悪臭が漂っている。**
- **包丁がしまわれていない。**
- **お皿やコップなどが水切りかごにそのままになっている。**

雑然としたキッチンは、金運を下げてしまう元になります。衛生面から考えても、清潔でお料理しやすい環境は大切ですよね。

モノを使ったら、所定の位置に戻すこと、調味料や食材は放置せずに使い切り、賞味期限の過ぎたものは捨てること。さらに、ゴミはきっちりと口を縛り、においが漂わないようにすること。必要に応じてゴミ箱の中も掃除するようにしましょう。

キッチンの環境を整えることで、自分自身も心穏やかな気持ちで料理や炊事に向かい合うことができ、そのことで「今度はこんな料理をつくってみようかな」という前向きなパワーも生まれやすくなります。美味しい料理はまた、家族を笑顔にしますよね。

無駄なモノは置かない、というのがキッチンの大原則ですが、整った環境により金運を呼び込むために、次のモノを置くのがおすすめです。

1．丸い葉っぱをした植物

キッチンは、水道の「水」、コンロの「火」です。五行の「水」→「木」→「火」で、バランスがとれるのです。そのため、観葉植物を置くといいでしょう。ただし、葉先のとがった植物は避けて、丸い葉っぱの植物を選んでください。

2. 天然石のランプ

キッチンは明るく照らしておくことが、金運アップには重要です。つい料理をしていると手元が暗くなってしまいませんか？　手元もしっかり明るくするために、金運を上げるシトリンやアンバーの天然石ランプがおすすめです。優しく照らしてくれるランプで、金運を上げるキッチンにしていきましょう！

POINT

キッチンは、「水」と「火」の気を持つ重要な場所。いい気が流れる中でつくられた料理は、最強の金運アップフードです！

金運がいい人のトイレの作法

「風水のことはよく知らないけれど、トイレ掃除が金運アップにつながるのは知っている」という人は多いのではないでしょうか。

その証拠に、自身でビジネスを運営している経営者やフリーランスの方々のSNS投稿を見ると、「トイレ掃除をしたら、取引先から大型の案件をいただきました！」とか、「トイレ掃除をすると、運がついたような気がして、1日気持ちよく過ごせます」など、トイレ掃除を頑張っていらっしゃる方が目立ちます。それはとてもいいことだと思います。

「金運が上がらなくて……」という相談者様には、「とにかく、トイレ掃除をしてください！」と私もお願いするほどです。

しかし、それだけで終わってはもったいないと思います。**金運をさらにアップさせるためには、「お作法」も重要だからです。**

では、金運がいいRさんを例にして、トイレのお作法を見てみましょう。

Rさんのお宅のトイレはとにかく明るく、トイレの隅々にまでよく見えるライティングがほどこされています。

窓は1日1回換気を行い、新鮮な空気を取り入れています。トイレ掃除は、毎日行い、月に1回はトイレの大掃除。特に念入りに拭き掃除をするのは、床と壁、便器もピカピカに磨くのが好きなんだとか。

トイレの棚の中には、必要な分だけのトイレットペーパーと、お掃除セットがしまわれています。棚の上には、生花が飾られ、Rさんはトイレに飾るお花を選ぶのも楽しみのひとつにしています。

用を足した後は、蓋をして流します。次に使う人のために汚れがあったらさっと拭いて、いつも綺麗な状態を保っているそうです。Rさんが行う掃除の仕方やお作法を見たご家族もまた、トイレを綺麗に使うよう心がけているそうです。

トイレにかけておくタオルを選ぶのは娘さんの役目で、ふわふわで触り心地のいいタオルを使うようにしているのだとか。

Rさんのお宅には、いつも楽しい雰囲気が流れているようです。

トイレは臭くて汚いところといったマイナスの印象はほとんど受けなかったと思います。むしろRさんのお宅を見ると、**トイレは汚れたモノを流してくれる浄化の場所であり、綺**

麗でつい行きたくなるような場所、そんなイメージさえ湧いてきます。

Rさんに話を聞くと、「外出時のトイレも、自宅と同じように綺麗に使うことを心がけている」というお返事でした。金運がいい人は、どんな場所のトイレであっても、同じようなお作法で使っている。これは私にとって新たな発見でした。

トイレ掃除を頑張っていらっしゃるみなさん、Rさんのお作法にいくつ当てはまりましたか？

ぜひ、トイレのお作法も身につけて、より金運の神様に愛される行動をとりたいですね！

POINT

金運アップにはトイレ掃除は欠かせません。加えて正しいトイレのお作法を身につけましょう。

なぜシャワーだけだと金運が下がるのか？

私は常日頃からスタッフに、「お風呂に入るとき、湯船につかっている？」とまるでお母さんのように聞いていますます（笑）。どうして私が「湯船につかりなさい」と口酸っぱく言っているのかというと、実は失敗経験があるからなんです。

40代のある夏のこと。その年はうだるような暑さが続いていて、連日のニュースでも厳しい夏の暑さを伝えていました。湿気たっぷりの蒸し暑さは１ヵ月も続き、私は体をさっぱりさせたいと、ついシャワーだけで過ごしてしまったのです。

そんな晩夏の頃です。私はものすごいだるさに襲われました。「遅い夏バテかしら？」と思ったものの、食欲や睡眠には問題なかったのです。動きがにぶっているな、なんだか調子が悪いな……と感じてはいたものの、すぐに何が原因か思い当たらなかったのです。

暑さも落ち着いたある日、仕事がひと段落したところで、「熱いお茶を淹れて飲んでみよう」と思い立ちました。熱いお茶をぐっと飲んでふうっと息を吐いたそのとき、「この１ヵ月きちんと湯船につかっていなかったかも……」と思い当たり、ハッと思い出したのです。体の芯から温まり、体がふ〜っとほぐれていく感覚を。

その後、毎日湯船につかるようにしたところ、見事体調は回復。体の動きも軽くなり、お客様からのご相談件数も増えていきました。

お風呂に入って湯船につかり、**体の芯から温まることで、自分の中にゆっくりと金運アップに欠かせない「水」の気が行きわたります。**自分自身に高いエネルギーを満たし、翌日への活力につなげていきましょう。

余談ですが、現在わが家は24時間風呂を取り付け、いつでも湯船につかれるようになっています。控えめに言ってこれは大正解でした（笑）。と同時に、湯船につかる大切さを日々味わっています。

POINT

お風呂は、1日の疲れを癒し、自分のエネルギーを貯める重要な時間。金運を上げるためにも、湯船にゆっくりつかって、英気を養って。

寝室は家では一番のパワースポット

お風呂は金運を高めるエネルギーチャージの場所、と書きましたが、それと匹敵するくらい大切なのが「寝室」です。

人は、人生の３分の１を寝室で過ごすと言われているほど、相当な時間を寝室で費やしています。そのため、寝室の環境にこだわるのは、理にかなっていると言えるでしょう。

ここでは、自分の健康や運気を上げるための３つのポイントをお伝えします。

最初のポイントは、**「頭の位置を吉方位にして眠るようにすること」**です。

１日の３分の１を過ごすわけですから、眠る方向は特に気を配りたいですよね。眠る位置を決める際に、「夫婦の寝室の場合は、夫と妻、どちらを優先すればよいのですか？」と聞かれることがよくありますが、これは、奥様を基準にして考えてください。

風水では、家の中は奥様が心地よく過ごせることが最も大事だとされています。母でもあり、妻でもある女性が幸せに過ごすことで、家庭円満になると考えられているからです。

なお吉方位を調べる際には、「八宅《はったく》派風水」と呼ばれる流儀を使ってみてください。吉方位はネットで検索すると、簡単に調べることができます。

「北枕（北の方角に頭を向けて寝ること）はダメですか？」と聞かれることも多いですが、風水では北枕でも全く問題ありません。まずはご自身の、あるいは奥様の吉方位を調べてみてください。

続いては「**寝具には、健康運をアップさせる色を選ぶこと**」です。

1日の終わりに向かう場所、あるいは病気のときや体調を整えるときに使う場所が寝室であり、寝室は健康運と密接に関わっています。そのため、健康運をアップさせる色、たとえばグリーンやベージュといった、森林や自然を思わせる色を選ぶようにしましょう。赤やピンク、黄色、オレンジといった活力を与える色はよくないとされています。

そして最後は「**安眠を妨害するものを置かない、近づけないこと**」。

特に注意していただきたいのは、家の「天上のハリ部分」や窓際にベッドや布団を置かないことです。ハリの下は、悪い運気が溜まりやすいと言われています。頭や顔の真上にハリが来ないよう、位置を必ず調整しましょう。窓際からは30センチ以上ベッドを離しておくことも重要です。

・観葉植物を置かない。
・ドアの方向に頭を向けない。
・ベッドの横に寝姿が見える鏡を置かない。

などにも気をつけてください。どうしても鏡の位置が寝姿を映してしまう場合には、布をかけるなどの対策をしましょう。

また、寝室を安らげる場所にするために、山に見立てた「アメジストドーム」を置くのもいいでしょう。

寝室は私たちにパワーを与えてくれる、いわば充電ステーションのような存在。**寝室を整えることは、すべての運気アップにつながっていきます。**

これまでのポイントを参考に、寝室の「パワースポット化」をすすめてみてください。

POINT

寝室は運気を補ってくれる、パワースポットのような存在。安らげる場所にするのが重要です。

毎日の玄関掃除で邪気をはらい、金運を呼び込む

本章の冒頭で「玄関は運気の出入り口」とお伝えいたしました。

人や、運気が絶えず出入りするため、その分邪気がたまりやすくなる場所でもあります。前の日にどんなに部屋を掃除したとしても、1日経ってみるとうっすらほこりが積もっていたり、髪の毛が落っこちていたりしますよね。邪気もそれと同じく、毎日少しずつたまっていってしまうものなのです。

だからこそ、毎日の玄関掃除で邪気をはらうことはとても重要です。

泥、ほこり、汚れを落とし、気の入口を綺麗にしておくことで、流れ込んでくるいい気をそのまま受け取ることができます。

掃き掃除が終わったら拭き掃除を行いましょう。余計な靴や傘が出ている場合には、下駄箱に収納します。生花がしおれていたら、新しい生花にチェンジ。また、水槽などを置いている場合には、水槽のガラスケースも一緒に拭き掃除を行います。

目指すは、「神社の入口」のイメージです。

余計なモノが何もない、凛とした空気。訪問者を温かく迎える優しい照明……。ぜひご自身が**「心地いい空間になったな」と思うまで、掃除をしてみてください。**

玄関に可愛らしい小物を置いているご家庭も多いと思いますが、季節に合わせたオーナメントであれば、運気もアップします。たとえばクリスマスならクリスマスツリーを、お正月であれば、干支の置物を。金運アップのための水晶クラスターを置くのもいいでしょう。大事なのは目的を持って、置物を飾ること、そしてその分、拭き掃除を欠かさないことです。

邪気をはらい、いい運気が流れ込む家にするには、毎日の小さな積み重ねから。その行動をきっと神様も見ていらっしゃいます。

POINT

玄関は、家の顔にあたる部分。見せることが多いので、念入りに掃除を。いろいろな方が訪れたくなるような、感じのいい玄関を心がけて。

鏡を玄関の正面に置くと金運を下げる

スッキリと片づき、ピカピカに磨いた玄関は実に気持ちのいいものですよね。

「さぁ、これでいい運気がどんどん入って来るに違いない！」そう思っていたのに、なんだかあんまりよくないことが続いている……。「先生、何が原因なんでしょうか？」とある女性からご相談を受けました。

そこで玄関のお写真を見せてもらうとびっくり。玄関を入って真正面のところに大きな姿見がどーんと飾ってあったのです。

「玄関はとても綺麗にされていて、いい環境ですね。ただ、玄関から入った正面に、鏡を飾られていますよね。風水的には、玄関を入って真正面の鏡は、いいエネルギーを跳ね返してしまう、と言われていて、よくない風水なんです」

このように正直に申し上げると、その後、女性は真正面の鏡を撤去。すると、「悪いことが起きなくなった気がします……！　ありがとうございました！」と喜びのメールをいただきました。

鏡は風水アイテムとして使用されることの多いものですが、使い方を間違えてしまうと運気をダウンさせてしまうことにもなります。

鏡を置く場合には、一度鑑定士にご相談されるほうがよいと思います。

また、便利だから、という理由で玄関のドアに鏡を貼り付ける方も時々いらっしゃいますが、こちらもおすすめできません。

もし鏡を置く場合には、玄関のドアから見て「横」に置くようにしましょう。

POINT

鏡は風水でよく使われるアイテムのひとつ。
ただし、玄関を入った真正面に鏡を置くのはやめましょう！

電化製品の隣には水晶を置く

私たちの暮らしを便利にしてくれる、電化製品の数々。使わない日はないくらい、お世話になっていますよね。

しかし、その電化製品との付き合い方にも少し注意が必要です。目には見えませんが、電化製品からは電磁波が出ており、それが人体に悪影響を与えるとも言われています。

電子レンジや冷蔵庫、パソコン、スマートフォンなど私たちは、電磁波と共に生活していると言っても過言ではありません。ただちに人体に影響があるものではありませんが、長年、電磁波の環境に身をさらしていると、睡眠や自律神経などに影響を及ぼしていくと私は考えています。

そこで私は、電化製品の隣に水晶を置くことをおすすめしています。水晶を置くと、電磁波の波動を調整し、電磁波の影響を和らげる効果が期待できます。電磁波が発する直線的なエネルギーを、弱めて丸くさせる。そのようなイメージです。

人間がつくり出した人工物は、自然のモノに助けてもらう。この法則をぜひ覚えておいてください。

現代において、電化製品を全く使わずに生活することは、現実的ではありません。それよりも、現代のテクノロジーが生み出したさまざまな便利さを享受しながら、悪影響を及ぼす波動は、極力避ける。このような考え方は、「陰と陽両方のエネルギーどちらも上手に受け取り、バランスを取っていく」風水の基本にも、もとづいています。

両者のバランスを取りながら「共存」していくことが、この先ますます求められていくのではないでしょうか。

POINT

電磁波は、人体に悪影響を与える恐れあり。水晶を置いて身を守る知恵を身につけて。

「金運風水」を活用して、本当に必要な運を呼び込む

これまでに、さまざまな金運アップのための方法をご紹介してまいりました。

身につけるといいモノや運気がアップする食べ物、さらには金運の神様が喜ぶ自宅の環境など、あらゆる観点からお話ししてまいりましたが、正直なところ「何から始めていいかわからない！」と思っている方もいるかもしれません。

私も風水鑑定を始めた頃は、運気をアップさせる方法はなんでも試していました。あらゆることを試していくうち、次第に「本当に自分にとって必要な方法」が見えてきたのです。

その代表的なアイテムが私にとっては「パワーストーン」でした。元々、パワーストーン好きだった、ということもあるのでしょう。パワーストーンを身につけることで、自分自身のモチベーションも上がっていることに気づいたのです。

金運風水の効果をより発揮させるには、何より「自分から進んでやりたいこと」をし、そして「習慣にする」ことです。

これまでご紹介してきた金運風水の中で、「自分でもできそう」「ぜひこれはやってみたい！」など心が動いたものはありましたか？　それこそが、あなたにとっての「金運風水」になっていくはずです。

自分にとって必要なモノ・コトをピックアップし、あなただけの金運風水を生活に取り込んで実践していきましょう！

POINT

金運風水をすべてやろうとしなくてOK。やってみたい！　という気持ちが動いたものから始めてみては？

お財布も布団に寝かせよう

1日を終えてふっかふかの布団に横たわり、あとは眠るだけ……のまどろんだひととき。布団に包まれて、本当にいい気持ちになりますよね。私もこのひとときが一番幸せかもしれません（笑）。

この心地よさをお財布に体験させてあげることが、実は金運アップにつながるとご存じですか？

言わずもがな、お財布は常にお金を入れておく、いわば「お金の家」でもあります。当然、お財布の取り扱いが金運には大きく影響します。

お財布の中にシワクチャなレシートがたくさん入っていたら、そこの住人であるお金は、窮屈な思いをしてしまいますよね。

また、お財布を床に置いたり、乱暴に扱ったりすると、お金は「こんなところにはいられない！」と言って家出してしまうかもしれません。

では、お財布をどのように扱えばいいのでしょうか？

私がおすすめしているのは「恋人だと思って丁寧に扱う」ことです。

そう言うと相談者様からは「え〜、恋人のようにですか？」と言われることが多いのですが、ぜひお財布と擬似恋愛してみてほしいのです（笑）。

１日の終わり、仕事を終えて帰ってきた恋人（お財布）は、とても疲れているはず。お風呂に入ってほしい……ところですが、それは無理なので１日の終わりに不要なレシートを取り除き、汚れていたら拭いてあげましょう。そして、こう声をかけます。

「１日お疲れ様！　ゆっくり休んでね」

最後に、お財布をお布団に寝かせてあげるのです。

財布専用のお布団を用意し、暗いところで寝ていただくようにしましょう。

そのときの向きは、ご自身の「最大吉」の方向にして置いてあげます。吉方位は、ネットで「八宅派風水」と検索し、生年月日を確認すると吉方位がわかります。

お財布を布団で寝かせるだけで、私たちが寝ている間にお財布は浄化され、パワーチャ

お財布を布団に寝かせて金運アップ！

お金は暗いところと、温かいところが大好き。
夜には布団に寝かせて、金運も充電させましょう！

ージしてくれます。

翌日、本来のパワーが戻ったお財布はあなたのために働き、金運をアップさせてくれるでしょう。お財布を丁寧に扱ってあげることで、その扱いが自分にも返ってきます。

実際、私のお客様の中にも、お財布を布団に寝かせるようになってから、「営業成績がアップした」「収入がアップした」という嬉しい報告がたくさん届いています。

お財布専用の布団は、私のお店でもネットでも購入することができます。誰でも簡単にできるこの方法、ぜひ試してみてください。

POINT

お財布の1日の疲れを取るために、お財布は毎日布団に寝かせてあげて。お財布もお金もしっかりとパワーを蓄えて、金運をもたらしてくれるはず。

第8章

20億円を失ってわかった お金の大切さ

いよいよ本書も最後の章となりました。

執筆するにあたって、過去のことに向き合い、いろんなことがあったな……と改めて人生を振り返ってみました。

30代から、かねてより興味があった薬膳の勉強を始め、41歳のときに薬膳と中国茶のお店、『わ膳』をオープン。

風水は、40歳から現代風水研究会の安藤成龍《あんどうせいりゅう》氏に師事し、「八宅派」「紫白九星派《しはくきゅうせいは》」「玄空飛星派《げんくうひせいは》」「四柱推命《しちゅうすいめい》」を総合的に10年学び、その後多くの相談者様を鑑定させていただきました。

怖いくらい、私の人生はうまくいっていたのです。

しかし、大きな落とし穴が私を待っていました。

投資詐欺にあい、夫が事業で稼いだ20億円をすべて失うことになったのです。追い打ちをかけるように夫が病に倒れ、私は会社を引き継いで運営。知らされていなかった会社の借り入れ金を目の当たりにし、今まで鮮やかに輝いていた私の人生は一転、真っ暗闇の世界へと変わったのです。会社清算するまでの6年間は、毎日が一生懸命でした。

まさに、私はお金の陰と陽の両面を知ることになりました。お金はあり過ぎても、またなさ過ぎても、人を惑わせてしまうこともこの身で体感することになったのです。


これらの大きな出来事をきっかけに、私は運命を好転させる風水の研究によりのめり込むようになりました。

そして、行きついた答えが「金運は自らの行動によって変えることができる」ということでした。


多くのお金は失いましたが、その代わり多くの知識と経験、そして素晴らしい人たちと出会うことができました。

お金の大切さや金運とのご縁のつなぎ方をはじめ、「人生はいつからでもやり直せる」ということを教えてくれた大事な風水。本章では、私が持つ「風水マインド」を中心にお伝えしていきます。

多くの経営者を風水で元気にしたい

2020年から始まったコロナ禍によって経済全体の活動が鈍り、苦しい思いを抱えている経営者の方は多いのではないでしょうか。

誰もが予想しなかったこの異常とも呼べる状況に、私はある思いを強めていました。「こんなときだからこそ、最大限に運気を上げて元気になってほしい」という思いです。経営的に苦しかったときの自分をふと思い出しました。

風水はもともと自然からパワーをいただく、という考え方にもとづくもの。何かうまくいっていないときは、自然の法則を無視していたり、自然から自身が離れていたりすることが多いのです。

苦しいときこそ、基本に立ち返る。私はそうやって常に人生を軌道修正しながら生きてきました。風水鑑定や相談の前に、まずこのことをお客様にはお話ししています。

お日様と共に起きて、夜は眠る。旬の食べ物をしっかり食べて、お通じをよくする。私たちも「自然の一部なんだ」という気持ちで生活し、自然のエネルギーを受け取りやすくします。そのうえで、パワーストーンや、風水グッズといったプラスの運気を呼び込むアイテムを持てばいいのです。

今が苦しい状態だと、どうしても自分自身を客観視するのが難しくなります。そんなときこそ、まずは自然のサイクルに身をまかせてみましょう。そうすることで自分が置かれている状況を冷静に、客観的に見ることができます。

「自分は今、こういう状態なんだ」と見つめることができれば、大丈夫。ゼロ地点に立っています。私も同じようにして、どん底の状態から一歩ずつ運気を上げてきました。だからこそ、みなさんにも風水の効果的な活用法を伝えていきたいのです。

風水の力を借りて、プラスの自分へとアップデートし続けていきましょう！

POINT

風水の基本は自然のパワーを感じて、それをいただくこと。
風水の力を信じて前向きに進むことで、必ず運気は上がる！

あなたが歩くパワースポットになる方法

昔も今も、「パワースポット巡り」は人気が絶えることがありません。神社仏閣に始まり、現在では景勝地などもパワースポットと呼ばれるようです。日本全国、パワースポットだらけで、どこに行こうか迷ってしまう方も多いのではないでしょうか。

ときにはパワースポットに行ってパワーをいただくのもいいですが、「**あなた自身がパワースポットになるのも大事よ**」**と相談者様にお話ししています。**

自分がパワースポットになる、というのはどういうことなのでしょう。私は、３つポイントがあると思っています。

・心身共に元気でいること。
・くよくよしないこと。
・いつでも笑顔でいること。

この3つを満たした人は、「歩くパワースポット」のような感じがしませんか？

では、この3つをクリアするにはどうすればいいのでしょう。私はこれも3つポイントがあると思っています。

最初に挙げるのは、**「体の調子が悪くならないうちに、メンテナンスすること」**です。

よく未病を防ぎましょうと言われますが、まさにその考え方です。私は体を温めることのほかに、整体やエステに月に数回は通い、体のバランスを整えるようにしています。

もちろん、運動不足にならないようジムに通ったり、ウォーキングやストレッチをしたり、といった血の巡りをよくすることも重要。

いずれにしても、いつも頑張っている自分の体を大事に扱うことがとっても大切です。

次は、**「大きな声を出すこと」**です。

電話をするのでも、歌をうたうのでも、なんでも構いません。大きな声を出すようにしましょう。大きな声、というのはそれだけ「大きな息を吐いている」ということ。くよくよと落ち込んでしまうと、どうしても肩と首が前のめりになり、息は浅くなってしまう……これでは心も落ち込んでいってしまいます。

この切り替えをするスイッチが「大きな声」なのです。

今は人と会う機会も少なく、そもそも声を出す機会が少なくなっていますよね。これでは、気持ちもどんどん滅入《めい》ってしまいます。そこで私のおすすめは、朝一番、部屋の中で「おはよう！」と大きな声で言ってみることです。そうすると不思議と、「よし、今日も頑張ろう！」という気分になるはず。

また、嫌なことがあったときなども、大きな声を出すとスッキリ気持ちも入れ替わります。ただし、ほどほどの大きさにしておいてくださいね（笑）。

最後にご紹介するのは、「**自分の好きなことを日常に取り入れていくこと**」です。

会社勤めをしていると、自分が好きなことを取り入れている時間はなかなかありません。意識しないと、好きなことというのは後回しになってしまうのです。

私は、好きなことを仕事にしている分、恵まれていますが、それでもストレスが溜まってしまうことはあります。そこで私はよくパートナーと「もし○○だったら何したい？」という想像上で遊ぶことがあります。

最近だと「もし海外旅行に行けるようになったらどこに行きたい？」という話題でひとしきり盛り上がりました。

「ポルトガル、スペインをまわって、穴倉みたいなレストランで、ワインを飲みたいわ〜」「あ、いいね。僕は民族音楽のファドの歌を聴きたい」なんて話をすると、頭だけはそこに行った気持ちになります（笑）。お遊びですが、こんな風に考えることも、自分をパワースポット化する秘訣です。

自分が楽しいこと、嬉しいことをしたり、あるいは考えたりする時間を30分でも構いません。1日のどこかでぜひ取り入れてみてください。そうすることでストレスが減り、リフレッシュした状態で毎日を過ごせるはずです。

制限がある今だからこそ、その中でできることを楽しむ。想像の翼を存分に広げてみる。そうやって楽しみながら、未来に希望をつないでいきたいですね。

POINT

自分がパワースポットになるために、好きなものからパワーをいただく。頑張っている自分に、毎日少しのご褒美でいつも輝いて！

パワーストーンで足りない運は呼び込める

あるとき、私のお店にひとりの男性のお客様がいらっしゃいました。前にもよく顔を見せてくれていた彼は、「コロナで仕事が忙しくてなかなかお店に来られなかったんです」と笑顔を見せました。

彼は、車のディーラーの経営者で、開業前に、開業に最適な日や間取りなどを鑑定した経緯から、風水にもまたパワーストーンにも興味を持ってくださっています。

「実は今度、新しいサービスも始めることができそうなんです。そこでその新サービスがうまくいくようなお守りを今日みてもらいたくて……」

それなら、と言って私が選んだのは「ルチルクォーツ」でした。これまでも何度かご紹介してきましたが、ルチルクォーツは金運と仕事運を運んできてくれる石。まさに新しいサービスをスタートさせようとしている彼にはぴったりだと判断したのです。

「運気も上がって、財運も呼び込めると思いますよ」とアドバイスすると、「ありがとうございます。頑張ります！」と、そのパワーストーンを購入して帰って行きました。

経営者の方は、自分の命と同じくらい会社経営に心血を注いでいます。そのため、自ずと選ぶパワーストーンも、仕事運、財運系の石を選ぶことが多いです。

個人事業主や、フリーランスの方もその傾向が強いと感じています。

その一方、会社勤めをしている方でダントツに多いのが「人間関係を良好にしたい」というお悩みです。職場で毎日顔を合わせる以上、どうしてもそういったお悩みが多くなるんですね。私がいつもお客様にお話ししていることはたったひとつです。

「自分が今、本当に叶えたいこと、ひとつを思い浮かべてください。そしてその想いに沿ったパワーストーンを選ぶことが、開運のきっかけになりますから」

石に願いを託す前に、自分の「意思」に聞いてみる。そうすると自ずと必要なパワーストーンが見つかるはずです。アイテムを選ぶ際には素直に、自分の「意思」に耳を傾けてみてください。

POINT

自分が今、本当に叶えたい願いごとをひとつにしぼる。するとすると本当に必要なパワーストーンがスーッと現れてくるはず。

金運は引き寄せるのではなく呼び込む

20億円を失ったひとりの経営者として、そして、風水鑑定士の立場からはじき出したひとつの答えがあります。それは、「金運は引き寄せるのではなく、呼び込むことが大事」ということです。

引き寄せでは弱いのです。「**呼んで、引き込む**」。**これを意識してみてください。**

たとえば、みなさんが転職活動中だとしましょう。そのときに、何をしますか？

どんな仕事が向いているのか自己分析をし、条件の合う仕事をピックアップして、企業に応募し、試験や面接に進む、といった手順を踏むのではないでしょうか。

「転職したいな〜、なんかいい仕事ないかな〜」という中途半端な気持ちでは、仕事は見つからないですし、転職は決まりません。

金運を呼び込むのもこれと全く同じです。「金運を身につけたいな〜」と言うだけで何もしなければ、ずっと金運が身につくことはないでしょう。転職活動も、金運アップのための行動も、本気で取り組んだ人のみが手に入れられるものなのです。

ただ、そういった活動って苦しいものですよね。転職を例にして考えてみると、仕事を続けながら、自分のキャリアと向き合うというのは大変な労力です。時間も、手間もかかるので、途中で心が折れてしまうかもしれません。

そんなときは、成功した自分の姿をこと細かに思い浮かべてみてください。

「毎日、お客様からのアポが途切れず、次から次へと営業した商品が売れて、しかもお客様に喜んでもらえている自分」

「社内プレゼンテーションがうまくいって、同僚からも一目置かれ、プロジェクトリーダーに抜擢。それが給与にも反映されて、いい気持ちでビールを飲んでいる自分」

このように、理想とする姿はなんでもいいのです。そのいい気分を現実のものにするためにも、日々金運アップ活動にいそしみましょう。その小さな一歩が未来の自分をつくるのですから。

POINT

金運は引き寄せるだけではなく、「呼び込む」。
自分のほうに支流をつくるイメージで自分の成功像を思い描こう！

入るだけで運気が上がる店

私のお店には、「入るだけで運気が上がる店」という看板を掲げています。初めて訪れたお客様に聞いてみると、「入るのにちょっと勇気がいる」そうです（笑）。

男性も女性もよく訪れるのですが、その中でも最近特に印象に残ったのが、「グーグルマップで調べてきました！」という20代のお客様です。その男性は鑑定をしてほしくて、うちのお店を検索して、たどり着いたと言います。

「建築系の仕事をしているんですけど、仕事を変わりたくて……」という転職のご相談でした。

早速風水鑑定をしてみると、「営業職が向いている」ということがわかりました。

「建築の知識があるのだから、それを活かした建築系の営業職、住宅メーカーなどがいいのではないですか？　単価の高い商品を扱うほうがよさそうよ」と私はアドバイス。

すると、「そうなんですね！　実は建築系の専門学校卒だから、建築系からは離れたくないなぁと思っていて……だから営業職で探してみます！」と吹っ切れた様子で帰って行ったのです。

短い間でしたが、エネルギーを感じました。若い世代は、自分に必要な情報を検索し、ピンポイントでキャッチできる高いスキルを持っています。これは、運気アップにはすごく重要なスキルです。

「自分に必要な情報を検索する」というのは、実はとても重要な開運アクションのひとつ。いい情報というのは、向こうから勝手に歩いて来てくれるものではないからです。

「入るだけで運気が上がる店」という名前を掲げていますが、「入る前から」もうすでに運気は上がり始めていると私は思っています。その情報をキャッチして、心に引っかかっているときから、みなさんの意識はすでに水面下では変わっているからです。

たしかにうちのお店には、風水にまつわるさまざまなグッズやパワーストーンなど、運気を上げてくれるアイテムが勢ぞろいしています。しかし、それを上手に活用するためには心構えがとても重要なのです。

中には、「この先どうしていいか迷ってしまっていて……」とか、「自分でこの判断が正しいのか、決められないんです」といったお悩みを抱えた方も多くいらっしゃいます。そのたびに私はこう答えています。

「絶対大丈夫です。この店に入ろう、と思ったそのときからすでに運気は上がっているのですから。今日は安心して、いろんなことをお話ししていってください！」と。

私が営むのは、いらっしゃった方の「後押し」をするお店なのです。

POINT

人生を変えたい、と来店するお客様。
行動を決めたときから運気は好転していきます。

人生の意思は石で強くなる

うちのお店の常連で、昔からずっと懇意にしてくださっているNさんという70代の女性がいます。年齢のこともあってNさんはなかなか次の仕事が決まらない……と悩まれていました。

どのように進んでいけばいいかわからないと言うNさんに私は、「タンザナイト」の石を選び、彼女に渡しました。70代という年齢から考えて、やみくもに仕事運や金運を上げるよりも、自分の今後の人生を望むべきものにしていくために、どうすればいいか？　その方向性を明確にしたほうがいいと考えたからです。

「先生、ありがとうございます。この石を身につけて頑張ってみます！」そう言って帰る頃のNさんは、少し自信を取り戻しているように見えました。

石というのは不思議なもので、その時々で私たちの「意思」を強くしてくれるのです。

気持ちや運気が落ち込んでいるときは、前向きなパワーを。

ここぞ、というときの踏ん張りどころには、スキルを最大限引き出してくれるようなサポートを。

人間関係や予期しないトラブルを避けたいときには、お守りのようなパワーを。

石は「こうなりたい」という願いの達成を助けてくれる存在なのです。

私のおすすめは、ひとつは邪気をはらうもの、ひとつは自分を前向きにしてくれるもの、そしてもうひとつは自分のライフスタイルによって変化する願望達成のためのもの、とそれぞれ石を分けて持つことです。

人生というのは海と同じで、凪《なぎ》の日もあれば、大波が来るときもあります。その変化をどのように乗り越えていくか。その助けとなるのが石の存在です。

これまでたくさんの相談者様を鑑定させていただきましたが、ご自身で「必要だな」と思うときにふっと石は現れてきます。そして、そのタイミングで購入した石を、みなさんとにかく大事にされています。

「このタイミングで買っておいてよかった……」と購入された方は口をそろえておっしゃいます。叶えたい夢がある方、現状を変えて今よりもっと幸せになりたいと願う方、ぜひ石のパワーを借りてみることをおすすめします。

自分の進むべき道やするべき行動に迷ってしまったときには、石を見たり、胸にあてたりして、今一度石に聞いてみるといいでしょう。

そうすればきっと、自ずと自分がやらなければいけないことがふっとわかる瞬間が訪れます。その繰り返しで、一歩ずつ夢に近づいていくのです。

1回きりしかない人生をよりよくしていくために、一度石の力を体感してみてください。

POINT

石はいつでもあなたの味方。
常にぶれずに進んでいけるよきパートナーになってくれるはず！

豊かになるために「風水生活」を始めよう

本書を読まれている方の中には、「暮らしの中に風水を取り入れてこなかった」という方もいるでしょう。

風水は、さまざまな流派があり、また考え方も範囲もとても広いもの。だからこそ、「何からやればいいの？」という質問も数多くいただきます。

悩んでしまったら、まずは玄関を綺麗にすることから始めてみてください。運気の出入り口である玄関を綺麗にすることで、運気はぐっといい方向に変わります。

・履いていない靴は捨てる。
・シーズンオフのアイテムは、物置にしまっておく。
・玄関に必要のないモノを置きっぱなしにしない。
・玄関はいつでも明るくしておく。
・掃除と換気を行い、常に運気の通り道を意識する。

これだけでもずいぶん変わります。そのうえで余力があれば、水晶のクラスターや水晶の龍など、金運をより呼び込んでくれるパワーアップアイテムを置けばいいのです。

玄関は、人やモノの出入りも多くなる分、余計なものが溜まりやすくなる場所でもあります。そのため意外と「モノがない、綺麗な状態を保つ」のも、一定の労力を要します。

最初は、そこからでも構いません。**玄関を綺麗に保つことを習慣にしたうえで、次のステップにいくことをおすすめします。**

玄関が綺麗になったら、次は寝室やトイレ、その次は家の中心点……と範囲を広げていきましょう。きっとその頃には、自分なりの風水マインドができあがっているはずです。

POINT

風水生活を始めるにあたって、まず大事にしたいのは玄関。人で言えば「顔」にあたる玄関を綺麗にすることを心がけて。

今がどん底でも運気は必ず変えられる

私のお客様の多くが金運風水を実践して、運気の流れを変えています。

「先生、聞いてください！」とお店に笑顔で報告に来られる方たちを見ていると、自分でつかみとった「自信」と、「感謝」に満ち溢れていると感じます。

本書でお伝えしたかった大きなこと、それは「今がどん底でも運気は必ず変えられる」ということです。

「変える」方法にもいろいろあるでしょう。たとえば、会社経営がうまくいかなければ思い切って会社をたたむ、というリセットの選択をしてもいいでしょう。あるいは、規模を小さくして再スタートする、という方法もあると思います。家族や周りの人たちの人間関係に悩んでいるのなら、まずその人たちから「逃げる」というのも大事な選択肢です。

一番やってはいけないのは、命を絶ってしまうこと。その気持ちがあるのならば、なんだってできます。これは私の苦しい経験から得たひとつの答えでもあるのです。

でも、そう思えるまでには時間がかかりました。どん底のときは自分や物事を俯瞰的に見ることができていないので、ますます追い詰められてしまいます。風水で言えば自分のほうに化殺が向いている状態。これでは、いい状態に戻ろうとするのを自分で抑えているようなものです。

今が一番つらくて何も考えられない、というみなさん。もうひとりの自分を頭の中で登場させて、「何がつらいの？」「どうしてつらいの？」「どうすればいいと思う？」と他人に話しかけるようにして、客観性を取り戻していきましょう。

はじめはうまくできないかもしれませんが、ひとつずつ質問をしてクリアにしていきましょう。それができたら今度は、私のような風水鑑定士に相談する番です。

第5章で登場した、職場の女性にいじめを受けて半分鬱のような状態になっていた男性Oさんは、2021年4月から昇進したと連絡がありました。このお店に初めて来たときは、伏し目がちで人の顔を真正面から見られないほど、憔悴《しょうすい》していました。

しかし、その彼が見事立ち直り、今では快活に仕事をしています。今がつらくても、必ず変わっていきます。

かくいう私も52歳で大きな壁にぶつかってから14年が経ち、66歳になりました。

ようやくあのときのことも思い出のひとつとしてお話しできるようになっています。運気をコツコツ積み上げていくことで、必ず周りの状況も変わっていくのです。
私の残りの人生は、あらゆる悩みを持ったみなさんのサポーターとして活動していきたいと思っています。

POINT

今が一番つらい「どん底」なら、あとは上がっていくだけ。必ず運気は好転していく。

平和を願うと運がよくなる

ここ最近の世界の変化と言えば、やはり新型コロナウイルスですが、私は神社に参拝するときなどには、平和への願いも込めています。特に広島は「平和記念都市」として世界にその名が知られており、子どものときから平和教育もさかんでした。そういった背景もあるのでしょう。私には昔から平和への想いは自然と根付いていったのです。

もちろん、自分の願いを叶えるのも大事なことです。また、自分の状況が大変なときは、「そんな周りのことまで考えていられないよ」と思うかもしれません。

自分の体調を害してまで周りのことを考えなくてもいいのです。そんなときはみなさんの周りの方々の平和を祈ってみてはいかがでしょうか。

私は家族をはじめ、私の関係者の方々の平和をいつも祈っています。そうやってみなさんそれぞれが小さな祈りの輪を広げていくことが、実は世界平和につながっていくと信じています。

運気は自宅だけではなく、あらゆるところ、社会にも循環しています。その中で「呼び込むことだけ」を熱心にしてしまうと、全体の運気の総数が減少してしまいます。

たとえば、社会にいい運気が「100」流れているとして、そのうちの「10」をあなたが呼び込んだとしましょう。

そうするとどうでしょう。あなたが使った運気は、みんなで補わなくてはなりません。

いい運気を使ったのなら、それをまた社会に「返す」。その返す方法こそが「祈り」だと私は考えています。

よく、「お金は天下の回りもの」と言われますが、これも運気と非常によく似ています。

あなたが得たお金は、あなたのものではあるのですが、あなた「だけ」のものではありません。それをまた別の誰かのために使うことで、お金も、金運も大きな流れになっていきます。

祈りのパワー、ぜひ毎日の暮らしに取り入れてみてください。

POINT

自分の運気がいいときこそ、平和を願うチャンス。

世界平和でなくても、まずは周りの人たちに思いを馳せよう。

人生が龍のように飛躍する「橘流金運風水術」

現代に生きる私たちは、毎日を一生懸命過ごしています。しかしながら、決してズルをしているわけではないのに、運命はときに思ってもみなかった出来事をつきつけます。

「頑張っているのにどうしてこんなことが起こるの？」

「なんで私ばっかり、こんなことが起こるの？」

そんな運命の落とし穴にはまってしまうことがあります。私自身、そんな思いを抱えたこともありますし、多くの相談者様の悩みや相談事に寄り添ってまいりました。

その中で私がおすすめしたいのが、「**橘流金運風水術**」です。

人が天気をコントロールできないように、私たちは生まれ持った「宿命」を変えることはできません。宿命とは、生まれ持った肉体や精神、親など変えようがないものを指します。**しかし、「運命」は、生きていく中で自分自身が選択する行動によってどんどん変わっていきます。**

運命を好転させるのも、逆に悪くさせるのも、みなさん次第ということになります。

風水で考えてみると、あなた自身の勝負カラーと開運カラーは、生年月日から決めることなので動かしようがありません。これが宿命です。

しかし、「自分がどうなりたいか」というのは年齢やライフステージによって変わっていきますよね。これが運命です。あなた自身が望む運命に向かってサポートしてくれるのが、風水グッズであり、パワーストーンなのです。

変わらない宿命を受け入れたうえで、自分自身の目標に向かって変化していく。受けとめがたい試練があったときは、「自分に必要なことなんだ」といったんはその荷物を抱えてみる。そして、そんな重い荷物を抱えたときに、ぜひ本書を思い出してください。

重い荷物を少しおろしてみれば、必ずみなさんの進むべき道が見えてくるはずです。道筋をみなさんに指し示すのが私のお役目。龍のように舞い上がる素敵な人生を送っていただけるよう、これからもサポートし続けていきます。

POINT

相談者様を幸運に導いてきた、「橘流金運風水術」。今度はみなさんがそれを実感する番です！

おわりに

コロナ禍において、私たちの生活は大きく変化してしまいました。まさか、こんな時代がやってこようとは、いったい誰が予想したでしょう。

しかし、私たちは暮らしを止めることはできません。昨日より今日、今日より明日に希望をつなぎたい。そう誰もが思っているはずです。

ひとりでも多くの方がよりよい明日を迎えるためにも、私が17年間にわたって積み上げてきた「金運風水術」をぜひみなさんにお伝えしたい。そして、少しでも暮らしが上向きになるようなお手伝いがしたい。その一心で本を出版するに至りました。

開運につながる数々のアクションをご紹介してきましたが、ぜひご自身がやりやすいものから始めていただければ幸いです。

執筆するにあたって、ふと17年前にお店をオープンさせたときも、同じような気持ちを抱いていたことを思い出しました。

人は常に浮き沈みがあるもの。その時々で幸せな気持ちになったり、落ち込んだり。

そんなときに、家でも会社でもない「第三の場所」に行くことで、元気になれます。笑顔になれて、自分を見つめることができる。そんなみなさんの居場所となるようなお店をつくりたい……。

みなさんのお役に立ちたい、という思いはあのときから変わっていなかったのだな、と改めて感じることができました。

「元気をもらったので、明日から頑張れそうです」

「先生に話を聞いてもらっただけで、なんだか運気が上がった気がします（笑）」

「いいことがあったので報告しに来ました！　先生に会いたくって！」

現在、お店に訪れるお客様からは、こんなメッセージをいただける、まさに「入るだけで運気が上がる店」になりました。ありがたいことです。

先日、古くからお付き合いがあるお客様が来られて、「橘さんに出会って、いろいろと支えてもらったからこそ、今があるんです」と言っていただきました。

そのお客様もまた、波瀾万丈でさまざまな苦難を乗り越えられてきた方です。私はこう返しました。「いいえ、私のほうこそ出会えたことに感謝しています」と。

お店を続けてきて一番の財産は、人とのご縁です。

それはお客様だけではありません。家族や友人、そしてお店のスタッフとの出会いもまた、私にとってはかけがえのないものです。

金運をアップさせる方法をお伝えしてきましたが、金運、というのは「お金」のことだけを意味しているのではありません。人とのご縁もまた、お金と同じくらい、いえそれ以上に大事なものなのです。

私が経営する「風水生活」は、お店自体がパワースポットなのです。アメジストドームやたくさんの天然石があり、地球のエネルギーをいただけます。

今日もまた、お店にたくさんのお客様がいらっしゃっては、財運、金運を貯めていらっしゃいます。それを見ていて私も幸せを感じています。

金運アップのためにすべき大事なことは「周りにいる人を大事にする」こと。シンプルですが、実はこれが最も大事なことなのかもしれません。

これからもご縁を大事にしながら、みなさんのお役に立てるお店であり続けたいと考えています。

最後になりましたが、本書を書くにあたり支えてくださった皆様に感謝して、筆をおきたいと思います。

橘 玲華（たちばな・れいか）

「風水生活」オーナー。
金運風水鑑定士。
開運企業コンサルタント。

風水は、現代風水研究会の安藤成龍氏に師事。「八宅派」「紫白九星派」「玄空飛星派」「四柱推命」を総合的に10年学ぶ。41歳で風水をベースにした薬膳料理のお店を開業し、人気店に。

しかし、夫が投資詐欺にあい事業で稼いだ20億円をすべて失う。さらに、夫が病で倒れたため事業を引き継ぎ、立て直しに奔走する日々を送る。

このときの経験から運命を好転させる風水の研究にさらにのめり込む。

２００４年10月、広島の一等地で、入るだけで運気が上がる店「風水生活」を開業。これまでに延べ１万人以上の風水鑑定を行い、一躍人気店に。現在も相談者の金運、仕事運、恋愛運などをアップさせ人生を開運に導いている。

また、企業の開運コンサルタントや風水店舗のプロデュースも行っている。

▼風水生活 HP

▼風水生活 LINE@

▼橘玲華 HP

Special Thanks to
出版プロデュース：
株式会社天才工場 吉田 浩
編集協力：
掛端 玲
株式会社マーベリック 大川 朋子
奥山 典幸
本文イラストレーション：
松野 実
校正：
株式会社ぷれす

金運風水大全《きんうんふうすいたいぜん》

二〇二一年（令和三年）十二月四日　初版第一刷発行
二〇二二年（令和四年）一月十一日　初版第二刷発行

著　者　橘 玲華
発行者　石井 悟
発行所　株式会社自由国民社
東京都豊島区高田三―一〇―一一
〒一七一―〇〇三三
電話〇三―六二三三―〇七八一（代表）
造　本　ＪＫ
印刷所　大日本印刷株式会社
製本所　新風製本株式会社